Pavlina Klemm

Lichtbotschaften von den Plejaden 3

Rückkehr der Freude und kosmischen Liebe

mit zahlreichen Übungen!

Besuchen Sie unseren Shop:
www.AmraVerlag.de

Ihre 80-Minuten-Gratis-CD erwartet Sie.
Unser Geschenk an Sie ... einfach anfordern!

Eine Originalausgabe im AMRA Verlag
Auf der Reitbahn 8, D-63452 Hanau
Hotline: +49 (0) 61 81 – 18 93 92
Service: Info@AmraVerlag.de

Herausgeber & Lektor	Michael Nagula
Einbandgestaltung	Guter Punkt
Layout & Satz	Birgit Letsch
Autorenfoto	Melanie Daoud
Druck	CPI books GmbH

Copyright © 2017 by Pavlina Klemm & AMRA Verlag

Kostenloser Download der Meditation »Reinigung des Herzens«,
von Pavlina Klemm eingesprochen, auf www.Channeling-Kongress.de.

Dieses Werk liegt in den Formaten vor:
ISBN 978-3-95447-292-5 (Buch)
ISBN 978-3-95447-293-2 (eBook)
ISBN 978-3-95447-318-2 (Übungs-CD 2)
ISBN 978-3-95447-331-1 (Übungs-CD 3)

Außer der Plejaden-Reihe ist von Pavlina Klemm bei AMRA erschienen:
Energetischer Schutz & Gesundheit deines Körpers (Virenschutz-CD)
Transformation gemeinsam erleben (Channeling-Kongress-DVD)
Heilsymbole & Zahlenreihen. Arbeitsbuch der Plejadenheilung
3 Workshop-CDs, nur erhältlich auf www.AmraVerlag.de

Die hier vorgestellten Informationen, Ratschläge und Übungen sind
natürlich subjektiv. Sie wurden zwar nach bestem Wissen und Gewissen
geprüft, dennoch übernehmen Verfasser und Verlag keinerlei Haftung
für Schäden gleich welcher Art, die sich direkt oder indirekt aus
dem Gebrauch der Informationen, Tipps, Ratschläge oder Übungen
ergeben. Im Zweifelsfall sollte ärztlicher Rat eingeholt werden.

Alle Rechte der Verbreitung vorbehalten, auch durch Funk, Fernsehen
und sonstige Kommunikationsmittel, fotomechanische, digitale
oder vertonte Wiedergabe sowie des auszugsweisen Nachdrucks.
Im Text enthaltene externe Links konnten vom Verlag nur
bis zum Zeitpunkt der Buchveröffentlichung eingesehen werden.
Auf spätere Veränderungen hat der Verlag keinerlei Einfluss.
Eine Haftung des Verlags ist daher ausgeschlossen.

Inhalt

Vorwort   9

Einleitung   14

1. Erklärung der energetischen Vorgänge auf eurem Planeten   18
2. Die Bedeutung des Herabkommens der Christusenergie auf die Erde   25
3. Die Unendlichkeit und Ewigkeit eurer Seele *mit Übung*   32
4. Telepathie und die Anbindung an deinen Lichtbegleiter *mit Übung*   38
5. Orella spricht: Die Kraft eurer Familie im Licht und eure Anbindung an sie *mit Übung*   47
6. Euer Leben im Licht   53
7. Die Lichtkugel als einfache Methode   59

8	Die Liebe der Seele des Planeten Erde zu euch und die Kommunikation mit ihr *mit Übung*	63
9	Noch ein paar Worte zu eurer Natur	70
10	Orella spricht: Die eigene Verantwortung ins Goldene Zeitalter übernehmen	73
11	Anbindung an eure ursprüngliche göttliche Essenz *mit Übung*	79
12	Manifestation eurer Wünsche und ihre Realisierung mit Hilfe des Nullpunktfelds	90
13	Eure kosmische Familie, eure Anbindung an sie und eine Zahlenreihe *mit Übung*	100
14	Kosmische Liebe	110
15	Der gegenwärtige Augenblick	117
16	Anbindung an euer Höheres Ich *mit Übungen*	124
17	Genialität der Heiltechnik mit den Punkten der Zeit *mit Übung*	132
18	Liebe und Freude kehren zurück	137
19	Umprogrammierung eurer Informationsfelder *mit Übungen*	143
20	Die Delfine sprechen	149
21	Orella spricht: Weitere neue Hoffnung für die Zukunft	155

22	Positive Geldenergie *mit Übung*	161
23	Vergebung *mit Übung*	165
24	Ein Aufruf für die Zukunft	173
25	Ein paar Worte zur Physiologie eures Körpers	177
26	Besinnung auf das Positive	182
27	Das Gute siegt	186

Nachwort — 193
Danksagung — 195

ANHANG

Wie eigentlich alles begann — 198
Einstieg in eine neue Ära — 217
Über die Autorin — 220
Empfehlung — 222

Meinen drei Töchtern Nicole, Pauline und Vanessa.

Meinen Eltern und meinem Bruder.

Allen meinen Lieben, die mir durch die Verbundenheit

der Herzensliebe nahe sind.

Vorwort

Liebe Leserinnen, Leser und Lichtboten!

Die heutige Zeit bringt eine schnelle spirituelle Entwicklung mit sich, und das bedeutet: Sie bringt viele neue Erfahrungen und Impulse von der Lichtwelt.

Nach dem Fertigstellen meines zweiten Buches hatte ich das Gefühl, dass die in ihm enthaltenen Botschaften komplex und für diese Zeit ausreichend sind. Ich habe mich aber sehr geirrt. Schon wenige Wochen nach Erscheinen fing ich an, verstärkt die Anwesenheit der Plejader zu spüren und Impulse zu erhalten, dass weitere Themen, die unserer menschlichen Gemeinschaft mitgeteilt werden sollen, bereits ungeduldig warten und ans Licht der irdischen Welt gelangen wollen.

Das Schreiben und der Kontakt mit der Lichtwelt bereitet mir stets große Freude, und so habe ich sehr gern auf unsere plejadischen Begleiter »gehört« und mich einige Wochen lang von der Außenwelt zurückgezogen und wieder angefangen zu schreiben.

Welch große Überraschung es für mich war, dass die nun mitgeteilten Botschaften an die Botschaften in den ersten beiden Bänden anknüpften. Viele Themen ergaben dadurch sogar noch mehr Sinn. Dabei war es auch wieder möglich, sie ganz unabhängig zu lesen. Das hat mir erneut bestätigt, wie genial die Lichtwelt alles einrichtet. Sie ist ohne Grenzen. Sie hat einen grenzenlosen Überblick und ist unendlich.

Auch diesmal habe ich beim Schreiben wieder Gefühle des Glücks, der Liebe und neuen Hoffnung verspürt. Jetzt ist mir vollkommen klar, dass die menschliche Gemeinschaft diese schwierige Zeit übersteht und sich alles zum Positiven wendet.

Jeder von uns bekommt auch wieder die Möglichkeit, dank der nachfolgenden Texte zu »wachsen«. Bei mir selbst hat sich die Sinneswahrnehmung vertieft. Ich denke, dass es mir mittlerweile leichter fällt, die Gedanken anderer wahrzunehmen. Dadurch habe ich ein noch tieferes Verständnis anderen und mir selbst gegenüber entwickelt.

Mir blieb auch nicht verborgen, dass beim Schreiben wieder positiv mit mir gearbeitet wurde. Dabei hat sich die telepathische Wahrnehmung erhöht. Das zeigt: Alles ist wahrhaft eine Frage der Übung und der Regelmäßigkeit. Durch regelmäßigen Kontakt mit der Lichtwelt erhöht sich unsere Lichtfrequenz. Es genügt wirklich, es einfach nur zu *wollen*.

Wie ihr euch vielleicht noch erinnert, war im zweiten Band von Kristallen die Rede. Es wurde auch eine Übung zur Programmierung eines persönlichen Kristalls durch die plejadische Zivilisation weitergegeben. Natürlich habe ich mir meinen Citrin ebenfalls programmieren lassen. Sehr oft halte ich ihn jetzt während des Schreibens in der Hand oder habe ihn in meiner Nähe. Als ich ihn gekauft habe, war er rein und durchsichtig. Es waren nur ein paar unscheinbare Strukturen darin. Als ich ans Ende dieses Buches gelangte, erinnerte bei meinem Kristall nichts mehr an seinen vorherigen Zustand.

Die Plejader haben mir so viele Informationen hineinprogrammiert, dass sich neue Strukturen in ihm entwickelt haben. Es sind kleine regenbogenfarbene Flächen entstanden, die wie übereinander gestapelt erscheinen. In der Mitte meines Citrins ist noch dazu ein Gebilde entstanden, das einem Herzen ähnlich sieht!

Das ist für mich wieder einmal ein überzeugender Beweis dafür, dass die Energie der Plejader anwesend und real ist. Ihre Energie kennt keine Grenzen oder Dimensionen.

Ein sehr starkes Erlebnis war für mich obendrein die energetische Begleitung einer Freundin in einer Zeit, in der sie sich auf die Ankunft ihres Kindes vorbereitete. Es wurde uns mitgeteilt, dass ihr Kind ein *Kosmisches Kind* sein wird, ein Kind mit einer hoch entwickelten Seele, das von einem anderen Planeten zu uns gelangt.

Dieses Baby, das sich auf die irdische Welt vorbereitet hat, kam wahrhaft in Begleitung der Lichtführer von seiner kosmischen Familie, so wie es im zweiten Band geschildert wird. Noch vor der Empfängnis durfte ich die lichtvollen Beschützer des Kindes beobachten, die dem Kind über die ganze irdische Inkarnation hinweg zur Verfügung stehen werden. Die Seele dieses Kindes hat sich bereits lange vor der Schwangerschaft in der Nähe meiner Freundin aufgehalten, und die Lichtbegleiter haben meine Freundin energetisch gereinigt und auf die Ankunft dieser lichtvollen Seele vorbereitet.

Ich habe kleine Wunder erlebt und erlebe sie im Grunde tagtäglich mit denjenigen, mit denen es mir vergönnt ist, meine Inkarnation und mein Sein und Leben auf diesem Planeten zu durchleben. Das ist mir eine große Ehre, und ich nehme diese Wunder mit Dankbarkeit an. Ich bedanke mich bei der Lichtwelt für jedes einzelne Wunder. Je mehr Dankbarkeit ich zeige, desto mehr Wunder und Glück werden mir zuteil.

Mit Hilfe der Plejader ist mein Leben einfacher und übersichtlicher geworden. Ich weiß, dass sie uns mit der restlichen Lichtwelt verbinden. Wie sie so oft sagen: »Wir sind alle verbunden, wir sind eins.« Jeder von uns hat folglich die Möglichkeit, sich an genau das Lichtwesen anzubinden, das er frequenzmäßig gerade braucht.

Aber auch wenn uns die Plejader begleiten und weiterhin begleiten werden – sie rufen uns dieses Mal, sofern wir es wollen, zur *verstärkten* Übernahme der Verantwortung für unser Leben und unsere Taten auf. Sie möchten erreichen, dass wir selbst unsere *eigenen* Schöpfer sind und nicht ständig »Krücken« brauchen, die uns stützen. Sie möchten uns mit den neuen Botschaften zur Selbstständigkeit bringen. Das ist ihr Ziel und das Motto dieses Buches.

Die Menschen haben angefangen, sich nicht nur physisch, sondern auch energetisch miteinander zu verbinden. Durch das Lesen der Botschaften haben viele energetische Felder geschaffen, die uns alle lichtvoll untereinander verbinden. Es ist der Wunsch der Plejader, diese Botschaften unter so vielen Menschen wie möglich zu verbreiten. Sie rufen die Leser auf, gemeinsam zu meditieren und gemeinsam Übungen aus den Botschaften durchzuführen. Und sie rufen die Leser dazu auf, so viele Mitbewohner dieses Planeten wie möglich über die Wichtigkeit dieser Botschaften zu informieren.

Immer wieder haben mir die Plejader den starken Impuls gegeben, ihre Botschaften auch in anderen Sprachen zu verbreiten. Sie haben mir Durchhaltevermögen geschickt und den Glauben daran, dass es gelingen wird. Mit Hilfe meines Verlegers ist es dann auch gelungen. Im Frühjahr 2017 erschien der erste Band in der Tschechischen und in der Slowakischen Republik. In Tschechien, meinem Geburtsland, was mich ganz besonders freut!

Ich wünsche euch nun, liebe Leserinnen und Leser, viele lichtvolle Erfahrungen mit dem vorliegenden dritten Band der Lichtbotschaften von den Plejaden. Ich wünsche euch so viel Liebe und Licht. Ich wünsche euch, dass ihr viele Wunder erlebt, und seien sie noch so klein, denn jedes noch so kleine

Wunder äußert sich im Alltag eures Lebens und macht das Leben abwechslungsreicher und interessanter.

Wenn ihr wollt, schreibt euch auf, welche Wunder ihr dank dieser Botschaften alle erlebt habt. Wenn ihr irgendwann zurückblickt, werdet ihr feststellen, welch großes Stück des Weges ihr bereits gegangen seid.

Ich wünsche euch freudiges Lesen und tiefe Selbsterkenntnis.

In Liebe
Pavlina

Einleitung

*Liebe Boten des Lichts,
der lichtvollen Impulse und Informationen!*

Erlaubt uns, euch erneut zu begrüßen.

Erlaubt uns, erneut in eure gedankliche und räumliche Welt einzusteigen und euch auf diese Weise auch in eurer nächsten Etappe des menschlichen Wachstums zu begleiten!

Wir haben über Pavlina die Möglichkeit erhalten, euch unsere Botschaften mitzuteilen. Es wurde uns erlaubt, unsere Erkenntnisse, die wir durch unser eigenes spirituelles Wachstum erhalten haben, an euch weiterzugeben.

Der Kosmische Rat hat uns die Aufgabe zugewiesen, euch bei euren Schritten in eine neue, strahlende Zukunft zu begleiten, und das tun wir mit unbeschreiblicher Freude. Ständig steht der Kosmische Rat mit uns und anderen Zivilisationen in Verbindung, die in diese Aufgabe, eurer Gemeinschaft zu helfen, eingebunden sind.

Mithilfe der Texte, die dieses Buch enthält, wird euch der Kosmische Rat begleiten – energetisch wie gedanklich. Ihr bekommt wieder Informationen an die Hand, die mehr als nur bloße Buchstaben und daraus gebildete Wörter sind, die euch zur Verständigung dienen.

Ja, ihr bekommt mehr als das an die Hand. Ihr erhaltet Informationen, die durch verschiedenste energetische Codes in diese Texte eingebunden sind. Eure Seele wird sie wieder intuitiv dechiffrieren können, genauso wie es bei den vorhergehenden Büchern war.

Jedes menschliche Individuum, zu dem diese Texte gelangen, hat die Möglichkeit, mit Hilfe dieser Codes seine Essenz zu entdecken. Seine Essenz wird beginnen, sich auf den unterschiedlichsten Ebenen und Dimensionen zu entwickeln, und er wird die Möglichkeit haben, sich an SEINE kosmischen Frequenzen anzubinden.

Eure Seele erkennt von ganz allein, wo sich die »Schlüssel« zu ihrer Essenz befinden, und lässt sie in ihr Sein gelangen.

Haben wir uns verständlich machen können? Buchstaben und Wörter sind nicht nur Hilfsmittel zur Verständigung. Buchstaben und Wörter tragen Schwingung und gleichzeitig Energie in sich. *Die Energie dieser Buchstaben wird wieder direkt für den Leser programmiert sein.*

Wir halten es wieder so, weil wir eine sehr positive Entwicklung beobachten, eine Erleichterung auf vielen Ebenen, die zahlreiche Leser erfahren. Durch das Lesen ändern sich eure Frequenz und das Licht eures Körpers und eurer Aura. Wir sehen, dass die aus eurem Herzen kommenden Lichtstrahlen heller und kraftvoller werden. Eure Gedanken, die sich immerfort in eurem Geist bilden, sind jetzt heller, gezielter und konzentrierter. Die Materie eures Körpers ist von Licht, von *kosmischem Licht* durchdrungen.

Wir beobachten, dass sich beim Lesen die Farbe eurer Gehirnsynapsen verändert. Falls ihr dunkle Elemente gleich welcher Art in euch tragt, werden diese dunklen Stellen in eurem System in helle Muster umgewandelt.

Das Licht eurer Aura wird bereits beim Lesen strahlender und machtvoller. Durch das Lesen verbindet ihr euch mit der Kraft der kosmischen Energie und ihren positiven Gesetzmäßigkeiten und dadurch programmieren sich eure Zellen auf das Positive.

Es ist sehr interessant zu beobachten, wie die menschliche Materie und der menschliche Geist auf die kosmische Energie reagieren und wie die Essenz des menschlichen Wesens anfängt zu vibrieren und sich den positiven Gesetzen der göttlichen Liebe angleicht ...

Der Liebe Gottes. Der Liebe des Universums.

Liebe ist in uns allen. Liebe ist unser Wesen, unser Zuhause und unser Ziel.

Diese Bücher sind energetische Gegenstände für Seele und Körper, sie sind ein Werkzeug der Heilung.

Mit ihrer Hilfe konnten schon viele Informationen und Lichteinheiten übergeben werden.

Und die Individuen, welche die Informationen und Lichteinheiten empfangen haben, geben sie ihrerseits weiter – deshalb verbreitet sich das Licht auf eurem Planeten mit so großer Geschwindigkeit.

Licht ist in der Lage, sich sehr schnell zu bewegen, und dank des Lichts konnten wir bereits Heilung unter euch verbreiten.

Licht zieht Licht an, und neu entfachtes Licht möchte nie untergehen. Es hat nur auf eine Gelegenheit seiner Wiederentfachung gewartet. Licht und Liebe sind die machtvollsten Instrumente. Die machtvollsten und schönsten.

Dank euch, liebe Leser und Lichtboten, ist es gelungen, das Licht unter euch zu verbreiten – nicht nur unter Lichtträgern und Lichtarbeitern. Es breitet sich auch auf Einzelwesen aus, die ihre Essenz erst noch finden müssen. Auch ihre Seele empfängt diese Impulse, sie merkt sie sich und wartet, bis sie sie verwenden und ihr Sein heilen kann.

Es ist nicht vernünftig und auch nicht erforderlich, Einzelwesen, die ihre Entwicklung bisher nicht verstehen, zu etwas zu zwingen. Ihre Seele hat Impulse erhalten, mit denen sie sich heilen kann. Aber wenn ihre geistige Entwicklung noch nicht einen gewissen Grad erreicht hat, ist es ihrer Seele nicht möglich, eure und auch nicht unsere Informationen zu realisieren oder positiv zu nutzen.

Jedes Individuum auf diesem Planeten erhält die gleiche »Portion« an Lichtimpulsen und Informationen. Es kommt darauf an, wer diese Informationen empfängt und sie für die positive Entwicklung nutzt. Jedes Individuum auf diesem Planeten hat die gleiche Chance dazu. Es genügt, sie zu ergreifen und nicht mehr loszulassen.

Dieses Buch wird vor allem durch den Kosmischen Rat diktiert, durch die plejadische Zivilisation, die euch bereits sehr lange durch die menschliche Etappe begleitet. Die plejadische Begleiterin Orella, die sehr stark mit den Mitgliedern des Kosmischen Rates verbunden ist, wird ebenfalls wieder ihre Botschaften übermitteln.

Wir freuen uns sehr auf den lichtvollen Kontakt mit euch. Dank eurer Anbindung an die kosmische Energie durch diese Texte stehen wir in direktem Kontakt mit euch.

Viele von euch werden die positive Kraft in ihrem Körper wieder unmittelbar und augenblicklich spüren können. Durch das Entstören negativer Felder in eurem Geist, Körper und eurer Aura erhaltet ihr Platz für neue und positive Informationen und Frequenzen.

Nutzt diese positive Energie und konzentriert euch auf eure strahlende Zukunft!

Eure plejadische Gemeinschaft

1

Erklärung der energetischen Vorgänge auf eurem Planeten

Auf eurem Planeten spielen sich immerzu Veränderungen und neue Vorgänge ab. Euer Planet schafft es momentan nicht, sich diesen Veränderungen so schnell anzupassen, und deshalb ist es notwendig, ihm in dieser Phase zu helfen und ihn zu begleiten.

Ihr, lichtvolle Helfer, wisst genau, was wir damit meinen. Es ist notwendig, eurem Planeten zu helfen, es ist notwendig, auch euren Mitbewohnern dieses Planeten zu helfen. Aber vor allem ist es notwendig, *euch* zu helfen. Euch selbst, damit ihr überhaupt die Kraft habt, anderen zu helfen.

Beginnt damit, eure Kraft und Liebe vor allem auf eure Person zu konzentrieren. Dadurch helft ihr auch anderen Individuen, welche die Kraft und Liebe noch suchen.

Wie gesagt, auf eurem Planeten läuft eine unzählige Menge an Vorgängen und Veränderungen gleichzeitig ab. Für euren Planeten sind diese Vorgänge sehr anspruchsvoll, und damit sind sie auch anspruchsvoll für euch selbst.

In dieser Zeit ist es besonders wichtig, »stehenzubleiben« und erst einmal zu erkennen, was man braucht und welche energetische Phase momentan auf dem Planeten abläuft.

Viele menschliche Individuen sind verwirrt, sie straucheln von einem Ort zum nächsten und wissen nicht, auf welche Weise oder in welche Richtung sie sich entwickeln sollen.

Viele Individuen entwickeln sich zur Zeit überhaupt nicht; sie sind in ihrer Entwicklung stehen geblieben und haben den Überblick über die ganze Situation verloren – und damit leider auch den Überblick über sich selbst.

Eure planetarische Situation ist in dieser Zeit so unübersichtlich, dass wir gerne versuchen würden, euch zu erklären, was sich hier abspielt. Wir würden gerne erläutern, weshalb die gesamte Entwicklung auf eurem Planeten *auf positive Art* voranschreitet, und dass es so ist, macht uns glücklich.

Es ist uns absolut klar, dass viele Einzelwesen in dieser komplizierten und unübersichtlichen Zeit nicht genug Positives sehen und sich in ihrem Geist nur schwarze oder dunkle Gedanken anhäufen. Es ist uns absolut klar, dass viele Einzelwesen diese Situation nicht »durchschaut« haben und sich dadurch an dunkle Elemente angebunden haben, die sich immer noch auf eurem Planeten befinden.

Die Situation ist zwar unübersichtlich, aber aus unserer Sicht und von unserem Blickwinkel aus *wissen* wir, dass das Positive bereits unausweichlich programmiert ist! Es ist allerdings notwendig, die dunklen Elemente, die euren Planeten und eure menschliche Gemeinschaft belasten, zu »entfernen«. Und der Prozess des »Entfernens« führt natürlich zu Chaos, zum Zerfall von Brücken, Systemen und Gemeinschaften.

Diese Zeit bringt so viele verschiedenste Veränderungen, dass nicht wenige menschliche Individuen das Gefühl haben, dass der Planet zu Grunde geht.

Doch das Gegenteil ist der Fall!

Wir würden diese Zeit als neue Ära der menschlichen Gemeinschaft auf allen Ebenen bezeichnen …

Als den Anfang eines Neuen Zeitalters!

Das Jahr 2016 hat viele Veränderungen mit sich gebracht. Die negativen Prozesse sind noch unübersichtlich, und es ist bisher nicht klar erkennbar, dass sich hinter den negativen Veränderungen etwas durch und durch Positives verbirgt, auch wenn es nur allmählich in Erscheinung tritt.

Seit dem Jahr 2012 sind auf eurer Erdkugel so viele Prozesse abgelaufen, die euren Körper und eure Seele in nicht wenige unangenehme Situationen oder Zustände gebracht haben. Schon seit 1990, verstärkt aber seit 2012, wurdet ihr durch die Lichtwelt fortwährend dazu aufgerufen, alles Negative, das ihr in eurer Seele und in eurem Zellgedächtnis tragt, zu transformieren. Ihr wurdet immerfort aufgerufen, euch Negativitäten jeglicher Art zu entledigen. Es *war* und *ist* klar, dass ihr solche Negativitäten nicht mehr weiter mit euch herumschleppen könnt. Es ist absolut notwendig, alles, was euch belastet, ans Licht abzugeben *und es nicht mehr mit euch herumzuschleppen.*

Jegliche Negativitäten ziehen euch zu Boden wie Gewichte an den Beinen, und es ist notwendig, diese Zügel loszuwerden. Die neue Ära und die neue Zeit werden eine lichtvolle Zeit sein, und dunkle Belastungen würden euch an die schweren dunklen Energien binden, die schon sehr bald von der Oberfläche und vom Inneren der Erde hinweggefegt sein werden.

Versteht ihr die Quintessenz des Gesagten?

Das Licht auf eurem Planeten weitet sich zusehends aus, vergrößert und verbreitet sich und zieht immer mehr Lichtelemente zu sich heran.

Licht ist machtvoller als Dunkelheit, und schon in sehr kurzer Zeit wird das Licht Überhand gewinnen. Es breitet sich über den ganzen Planeten aus. Werdet alles Dunkle los und lasst euch nicht durch dunkle Elemente, die ihr vielleicht noch immer in euch tragt, in niedrige Frequenzen hinabziehen.

Dunkle Elemente jeder Art sind bereits im Rückzug. Licht und das Positive überwinden sie liebevoll.

Schreitet in eure neue lichtvolle Zukunft ohne Belastungen. Die neue Zukunft bringt liebevolle kosmische Frequenzen, die eure Seele, euren Geist und eure Materie durchdringen werden. Macht diesen Frequenzen Platz in eurem System und gebt alle eure dunklen Programme und Belastungen so schnell wie möglich ab.

Bis 2012 haben sich Prozesse, welche die allgemeine und speziell die spirituelle Entwicklung auf dem Planeten Erde betrafen, sehr langsam und schleichend bewegt. Der Anfang des besagten Jahres hat euch in eine Zeit katapultiert, die euch seitdem nicht hat verschnaufen lassen und neue Herausforderungen für euch gebracht hat.

Euer Planet schwingt seit dem Jahr 2012 mit 21 Hertz, und die Lichteinheiten haben sich um ein Vielfaches erhöht. Eure Seelen haben von der Lichtwelt ständig Aufrufe erhalten, alles Negative zu transformieren und sich damit dem neuen Zeitalter und dieser Ära der menschlichen Gemeinschaft anzunähern.

Die Zeit der Transformation war eine Zeit der Vorbereitung auf die neue Ära. Ihr wurdet nämlich auf das Empfangen der kosmischen Energie vorbereitet. Der reinen, ungefilterten kosmischen Energie.

Denn ihr sollt wissen: Die reine kosmische Energie mit allen Informationen und Impulsen der kosmischen Gesetze könnt ihr nur mit reinem Herzen empfangen.

Mit einem Herzen ohne Egoismus und mit einem Herzen, das selbst reine Liebe ausstrahlt.

Auch euer Herz, euer größtes Instrument zum Empfangen kosmischer Energie, hat eine ganze Reihe von Prozessen und Vorbereitungen durchlaufen.

Die erste Vorbereitung war, wie bereits erwähnt, das »Entfernen« – die Transformation – aller Belastungen, Inkarnationsprogramme und aller Anzeichen von ungesundem Egoismus. Die nächste Phase bestand darin, euren Körper und eure

Zellen auf die Lichtenergie und die Energie des Positiven und der Liebe umzuprogrammieren.

Und falls ihr das Gefühl habt, dass der Prozess der Transformation der Negativitäten noch nicht abgeschlossen ist, dann arbeitet weiter an eurer Entwicklung, damit ihr so schnell wie möglich in die neue liebevolle Ära eintreten könnt!

Ihr habt es gemerkt: Nach dem Jahr 2012 haben sich die Prozesse auf eurem Planeten unglaublich beschleunigt. Auch eure Wahrnehmung von Raum und Zeit hat sich beschleunigt. Eure Seele hat die Möglichkeit erhalten, Negativitäten und karmische Angelegenheiten unglaublich schnell abzugeben. In dieser Zeit reicht es wirklich aus, einfach nur zu *wollen*.

Aus der Tiefe der Seele und mit der Kraft des Herzens.

Menschliche Individuen, die mit der Aufgabe auf den Planeten Erde gekommen sind, sich selbst und anderen zu helfen, haben sehr schnell diese Situation verstanden und begonnen, energetisch an sich zu arbeiten und eine Negativität nach der anderen abzugeben.

Dadurch hat sich ihr Bewusstsein erhöht, sie sind von der dritten in die fünfte Bewusstseinsdimension aufgestiegen, und sie haben sich teilweise der Energie der universellen Liebe – der Liebe Gottes – angenähert.

Durch das Abgeben von Negativitäten haben sie in ihrem Geist, in ihrer Seele und in ihrem ganzen System Platz für neues Wissen, Erkenntnisse und positive Programme geschaffen.

Und dann kam das Jahr 2016 mit weiteren grundlegenden Veränderungen. Vor allem der Herbst diesen Jahres öffnete das Tor zur neuen Ära. *Ein Tor zur neuen positiven Zukunft.*

Zentral war der 11.11.2016 um 11:11 Uhr.

Dieser Tag hat zu jener Zeit die Verbindung zur ungefilterten kosmischen Energie hergestellt. Er hat die Öffnung für diese Energie geschaffen. Er brachte euch eine Anbindung an die kosmische Christusenergie!

Zum Zeitpunkt des Durchbruchs dieser mächtigen Energie auf euren Planeten hat sich der Zufluss der kosmischen reinen ungefilterten Energie verstärkt und dadurch die Frequenz des Lichts und der Lichteinheiten erhöht!

Diesen Augenblick hat der Kosmische Rat in Verbindung mit der göttlichen Intelligenz sehnlichst erwartet, sehr lange erwartet, und bis zum letzten Moment war es ungewiss, wieviel Prozent der Christusenergie es gelänge, auf die irdische Welt zu kommen.

Ihr habt fast sechzig Prozent dieser liebevollen Energie erhalten!

Ihr sollt wissen, dass wir darüber sehr glücklich sind. Der Prozentsatz war davon abhängig, wie viele Negativitäten ihr bis dahin transformieren konntet und wie viele dunkle Zivilisationen euren wunderschönen Planeten verlassen haben.

Das Herabkommen der kosmischen Christusenergie ist durch die Lichtwelt lange vorbereitet und geplant worden. Diese Energie bringt euch Erleichterung auf allen Ebenen eures Seins! Das Wichtigste für euch ist aber, zu verstehen, dass ihr diese Energie mit eurem *reinen Herzen* empfangen könnt und euer Herzmuskel diese Energie wie ein Empfänger einfängt. Und es ist notwendig, diesen Empfänger »aufzuladen«.

Damit ihr euch auf diese kosmische Energie, die unermessliche Möglichkeiten mit sich bringt, einstimmen könnt, braucht ihr ein *reines Herz* ohne Egoismus und ohne Belastungen und negative Erlebnisse aus karmischen oder vergangenen Zeiten.

Und auch Vergebung und Selbstliebe spielen eine überaus wichtige Rolle.

Dann könnt ihr die Informationen der kosmischen Christusenergie ganz mühelos aufnehmen und umsetzen: das Wissen um die kosmischen positiven Gesetze, die Fähigkeit zur Telepathie und die verstärkte Manifestation eurer Wünsche und eurer Bedürfnisse.

Der 11. November 2016 hat euch in eine neue Ära der menschlichen Gemeinschaft voranschreiten lassen. Nun ist es an euch, diese Einladung positiv zu nutzen, Gefahren zu erkennen und euch in den unterschiedlichsten gesellschaftlichen Prozessen dieser Zeit auszukennen.

Es wird die Notwendigkeit bestehen, mit Liebe im Herzen und mit der Kraft der Gedanken und des Geistes durch diese Zeit zu gehen, während verschiedenste Systeme der menschlichen Gesellschaft zuerst auseinanderbrechen müssen, damit sich gesunde und neue Systeme bilden können.

Jedes bewusste Individuum, wie ihr eines seid, das Licht und Liebe in sich und seiner Umgebung verbreitet, wird benötigt werden. Ihr werdet benötigt!

Erinnert euch bitte immer daran, dass wir ohne euch lichtvolle Individuen nicht auskommen können. Uns wäre die Hilfe für euren Planeten und die menschlichen Individuen ohne euch nicht möglich. Wir, die Helfer der Lichtwelt, *brauchen* euch Individuen, die in der Lage sind, mit ihren Gedanken und ihren Taten Liebe und Licht auf dem Planeten Erde zu realisieren und zu materialisieren.

Bislang können wir nur durch euch wirken, bislang ist es uns durch die göttliche Intelligenz nicht erlaubt, in vollem Umfang und physisch auf eurem Planeten zu wirken. Wir benötigen noch eine kleine Zeitspanne, bis wir auf euren Planeten herabkommen und voll und ganz ohne Einschränkungen handeln können.

Bislang tun und handeln wir durch euch!

Wir sind dankbar und stolz auf Individuen, wie ihr es seid, die unsere Impulse empfangen und unsere Hilfestellungen letztlich bis zur Materialisation umsetzen können.

Wir danken dir dafür!

Die Bedeutung des Herabkommens der Christusenergie auf die Erde

Ein weiterer wichtiger Aspekt, damit der göttliche Plan gelingt, damit er verwirklicht werden kann und in die ursprüngliche Richtung ausgerichtet wird, ist, dass ihr an dessen tatsächlicher Durchführung nicht zweifelt. Eure felsenfeste Überzeugung, dass eure Lebenslinie auf dem Planeten Erde wieder in die göttliche, kosmische Normalität geführt wird, hilft, die Wichtigkeit dieser Information zu festigen.

Das menschliche Individuum ist ein Individuum, das ständig zweifelt. Es zweifelt, weil das menschliche Leben auf dem Planeten Erde es ihn so gelehrt hat. Es zweifelt, ohne dass es sich dessen bewusst ist. Mit euren Zweifeln könnt ihr den Plan der göttlichen Essenz aber zum Schwanken bringen. Der Kosmische Rat arbeitet fortwährend an allen Umständen und an einer möglichst schnellen Durchführung der durch die göttliche Intelligenz mitgeteilten Aufgaben.

Zum Plan der göttlichen Intelligenz gehört eben das Herabkommen der Christusenergie auf den Planeten Erde und damit die Harmonisierung verschiedenster Bereiche eures Seins. Dafür werden Individuen benötigt, die durch ihr Denken und durch ihre Entschlossenheit zur Materialisation und Realisierung des Plans der göttlichen Intelligenz beitragen.

Die Zweifel derjenigen Einzelwesen, die von der Wahrheit des Handelns des Kosmischen Rats nicht überzeugt sind, bringen sichtbare Misserfolge.

Es ist uns, der plejadischen Gemeinschaft, mit Unterstützung des Kosmischen Rats gelungen, eine ganze Reihe an Projekten auf eurem Planeten zu erschaffen, über die wir uns wahnsinnig freuen.

Täglich gelingt es uns, kreisrunde Bereiche auf eurer Erdkugel zu aktivieren, die als Eingänge für die kosmische Christusenergie dienen.

Es ist uns gelungen, auf allen Kontinenten elektromagnetische Netze zu erzeugen, welche die elektromagnetischen Schwingungen und Frequenzen des Universums einfangen.

Es ist uns gelungen, die Pyramidenformationen, die sich in der Tiefe der Ozeane befinden, zu aktivieren. Sie waren Jahrhunderte lang »außer Betrieb«, wir haben sie wieder in Gang gesetzt. Unsere Aufgabe war es, dank dieser Pyramidenformationen die Qualität des Sauerstoffs und der Vitalität der Wassermoleküle, die teilweise ihre atomare Zusammensetzung verändert haben, zu erhöhen.

Es ist uns gelungen, einige chemische Elemente auf euren Planeten mitzubringen, die euch bei der Bildung neuer chemischer Verbindungen helfen. Diese chemischen Elemente waren zur Zeit von Atlantis sowie einige Jahrtausende nach dessen Untergang noch vorzufinden. Die dunklen Mächte aber wollten nicht, dass die Menschheit diese chemischen Elemente nutzt, und sie wurden von der Erdoberfläche entfernt. Dank dieser chemischen Verbindungen gelang es euch nämlich, in Zeit und Raum zu reisen. Eure Gedanken halfen euch beim

Reisen in den Zwischendimensionen, doch zum Reisen in den Zeiten und Räumen waren diese chemischen Stoffe unverzichtbar; es handelt sich dabei um Verbindungen des Hydrokarbonats und seiner verwandten Elemente.

Eure Forscherelite arbeitet bereits mit diesen Stoffen und wird sie für Erkenntnisse bei der Arbeit mit der Dematerialisation[1] des Körpers benötigen. Sie wird lernen, die menschliche Materie als Lichtkomplex anzuwenden.

Mit Hilfe der bereits erwähnten kreisrunden Formationen ist es der ungefilterten kosmischen Christusenergie möglich, ins Innere der Erde zu gelangen.

Wir haben einen ganzen Komplex der kreisrunden »Datenbanken« erzeugt, die in der Lage sind, diese Energie zu empfangen. Wir haben mit verschiedensten kreisrunden Kombinationen auf euren Getreidefeldern begonnen, damit der menschlichen Zivilisation klar wird, dass Hilfe und Aufrufe aus dem Kosmos kommen.

Diese Kreisformationen haben wir in einer gänzlich klassischen Form durchgeführt, und wir denken, dass wirklich niemand an der Wahrhaftigkeit und Echtheit dieser Formationen zweifeln muss. Wir haben sie vor allem für die breite Bevölkerung erzeugt, weil uns vollkommen klar ist, dass sich Zweifler auf allen Kontinenten befinden.

Diese Formationen in Form von Kreisen tragen immer eine Botschaft über den Schutz der Natur in sich, und ihr seid durch diese Botschaften *stets* zur Rettung eures Planeten aufgerufen. Ihr seid aufgerufen, nicht zu zweifeln und anzufangen, mit uns

---

[1] Bei einer Dematerialisation eines Körpers wird die Materie in lichtvolle Mikroteilchen zerlegt.

mehr zu kommunizieren. Diese Botschaften sind natürlich sehr wichtig, aber was für euch noch wichtiger zu wissen ist, dass es dem Erdboden gerade dank der Kreissymbole möglich war, die kosmische Christusenergie zu empfangen.

Wir haben eine unzählige Menge an Kreisformationen auf der ganzen Erdkugel erzeugt. Die meisten sind für euch nicht sichtbar, aber sie sind messbar.

Versteht ihr? Unsere frühere Mitteilung, dass ein Kreis der Ursprung von allem ist, beginnt an Bedeutung zuzunehmen. Der Kreis ist der Anfang und das Ende von allem, der Kreis ist manchmal ein nicht endendes Element, und nun endlich beginnt diese Nachricht für euch einen tiefen Sinn anzunehmen. Eure Atome, Zellen, die Aura, die Erdkugel, der Mond, die Sonne haben alle einen kreisförmigen Charakter … genau wie die durch uns geschaffenen Formationen auf dem ganzen Planeten, den ihr Erde nennt.

Über die Christusenergie wurde schon sehr lange vor ihrem Herabkommen diskutiert, sie wurde erwartet, auch wenn wir anmerken müssen, dass die Menschheit sie in einer anderen Form erwartet hat.

Viele Propheten haben die Ankunft des Messias als solchen erwartet – sie haben die Ankunft von Jesus Christus erwartet! Sie haben die Ankunft seiner Person erwartet und damit die Erlösung auf allen Ebenen.

Die göttliche Intelligenz jedoch hat einen anderen, sinnvolleren Plan ausgearbeitet als das Herabschicken einer menschlichen Wesenheit mit der Energie von Jesus Christus. Sie hat einen Plan des Herabkommens und des Zustroms der Jesusenergie auf euren Planeten als solche erarbeitet.

Ungefiltert und unbegrenzt.

Es ist notwendig, eurer menschlichen Gemeinschaft und eurem Planeten auf allen Ebenen zu helfen, es ist notwendig, die Energie auf allen Kontinenten und im Wasser zu harmonisieren. Und das kann nur dann gelingen, wenn sich die Christusenergie auf dem gesamten Planeten ausbreitet.

In den vorangegangenen Botschaften haben wir von der Ankunft *Kosmischer Kinder* gesprochen, die sich bereits auf ihre Inkarnation auf dem Planeten Erde vorbereiten und in der Lage sein werden, mit ihrem reinen Herzen diese Energie zu empfangen, sie unter anderen Mitgliedern der menschlichen Gemeinschaft zu verbreiten und dadurch auch unter den Tierwesen und in den Naturreichen.

Das Herabkommen der Christusenergie, das sich seit dem November 2016 vollzieht, hat unermessliche positive Auswirkungen für uns alle.

Die erwähnten sechzig Prozent ihrer Kraft bringen Veränderungen in fast allen Bereichen eures Seins hier auf der Erde. Die übrige Menge kann erst unter der Voraussetzung an den Planeten übertragen werden, dass alle dunklen Elemente von menschlichen Einzelwesen, von den wirtschaftlichen und politischen Systemen und von den Naturgebieten transformiert sind. Es hängt auch davon ab, dass die dunklen Zivilisationen euren Planeten verlassen haben.

Der Plan der göttlichen Intelligenz ist mit Hilfe des Kosmischen Rats gelungen. Im Herbst 2016 hat diese riesige positive Energie angefangen, zu eurem Planeten zu strömen.

Auf diesen Augenblick hat sich eine ganze Reihe friedliebender außerirdischer Zivilisationen, die die Aufgabe erhalten haben, eurer menschlichen Zivilisation zu helfen und sie zu unterstützen, vorbereitet. Eure kosmischen Familien, mit denen ihr ständig in Verbindung steht (wenn auch nicht immer bewusst), haben euch fortwährend energetisch gestärkt und stärken euch noch. Sie stehen in direktem Kontakt mit euch und bereiten euch und euren Körper für den Empfang dieser neuen positiven Impulse vor.

Diejenigen Individuen, die ihre menschlichen Belastungen an das Licht abgegeben haben, können mittlerweile ziemlich problemlos die Christusenergie empfangen und sich an sie anbinden. Was aber einem Großteil der menschlichen Einzelwesen noch Schwierigkeiten bereitet, ist, sich an diese Energie zu gewöhnen und ihre Körper auf die neuen Impulse und die neuen energetischen Strukturen – Gitternetze – einzustimmen, die sich momentan im menschlichen Körper bilden.

Dadurch, dass auf dem Planeten eine große Anzahl neuer energetischer irdischer Netze erschaffen wurde, die euch mit der kosmischen Energie verbinden, ist es jetzt notwendig, dass eure Körper ebenfalls energetische Netzwerke ausbilden, die den irdischen Linien – der Matrix – ähnlich sind.

Das hat unterschiedlichste körperliche Belastungen zur Folge. Da diese Matrixstrukturen auf elektromagnetischer Basis verlaufen, erleben eure Herzen, die elektromagnetische Körperinstrumente sind, momentan eine große Belastung.

Stellt euch das so vor, dass die Erdlinien, die unter der Erdoberfläche verlaufen, eine beträchtliche Menge Licht, Informationen und kosmische Impulse in sich tragen. Damit auch ihr gut zu diesem Planeten passt, wird durch die göttliche Intelligenz zur Zeit in jedem von euch ein ähnliches Netz erzeugt – ebenso voll von Licht, Informationen und kosmischen Impulsen.

Bei den meisten von euch ähnelt dieses Netzwerk von seinem Aufbau und seiner Kraft her einem Spinnennetz. Es ist jedoch notwendig zu erzielen, dass diese Netzlinien bis zu mehreren Millimetern dick werden und der Strom für den Empfang der kosmischen Energie sich damit verstärkt.

Der Kosmische Rat ruft euch deshalb auf, sich möglichst aller dunklen Elemente oder Muster, die ihr in euch tragt, zu entledigen. Er ruft euch auf, dem Körper die Möglichkeit zur

Erzeugung neuer positiver Netze und Muster zu geben. Er ruft euch auf, keine Zeit zu vergeuden und alles Dunkle loszuwerden. *Gebt dem Körper und der Seele die Möglichkeit, sich an diese einzigartige, liebevolle Energie anzubinden.*

Euer Körper bewältigt momentan eine ganze Reihe an physischen Belastungen. Auf dem Planeten Erde bilden sich neue energetische Lichtformationen, und es ist nötig, eurem Körper Ruhe zu gönnen, wenn er dies verlangt.

Lasst euren Körper selbst entscheiden, wann er bereit ist, sich mit der neuen kosmischen Energie zu verbinden. Wenn ihr euch müde fühlt, gönnt euch Ruhe. Wenn ihr das Gefühl habt, dass ihr irgendeine ungelöste Lebenssituation habt, löst sie. Wenn ihr das Gefühl habt, dass ihr mit jemandem Frieden schließen wollt oder euch bei der Person für ein Unrecht entschuldigen wollt, macht das.

Ihr werdet selbst fühlen, was euch noch belastet und was ihr in Zukunft nicht mehr mit euch herumtragen wollt.

Es ist notwendig, mit reinem Körper und mit reinem Herzen in die neue Ära einzutreten. Nur so könnt ihr euch ganz für die kosmische Christusenergie öffnen und euch vollkommen mit ihr verbinden.

*Mit Liebe im Herzen,
eure plejadische Gemeinschaft*

Die Unendlichkeit und Ewigkeit eurer Seele

Für das Herabkommen der liebevollen und harmonisierenden Energie auf euren Planeten wurde eine unzählige Menge an Plänen entworfen. Die Vorbereitungen für dieses Ereignis waren mehr als umfassend und vielfältig, und im Gegensatz zu den dunklen Zivilisationen, die sich auf eurem Planeten gehalten hatten und von denen sich manche immer noch verbissen dort halten, waren die friedliebenden außerirdischen Zivilisationen in ständiger Bewegung und in anhaltender freudiger Erwartung des harmonisierenden Zustroms.

Eine ganze Reihe eurer kosmischen Familien, mit denen ihr direkt in Verbindung steht, arbeitet nicht nur telepathisch und visuell mit euch. Eine ganze Reihe eurer kosmischen Familien hat sich *physisch* in die Nähe eures Planeten begeben und kommuniziert und arbeitet mit euch direkt aus der Dimension eurer räumlichen Wahrnehmung heraus.

Eure Wahrnehmung ist nämlich, zumindest was das Körperliche angeht, ein Ergebnis der direkten Arbeit einer sich über eurem Planeten bewegenden kosmischen Station. Und *diese* Station unterstützt euch in eurer Entwicklung!

Es ist uns Plejadern noch nicht gestattet, physisch zu euch hinabzukommen und unmittelbar und in körperlicher Gestalt mit euch zu kommunizieren. Das werden eine weitere Phase und ein weiterer kleiner Schritt in die neue Zukunft sein: die *direkte* Kommunikation mit euch.

Auf diese Phase bereiten wir uns vor, ebenso wie wir euch darauf vorbereiten. Doch voraussichtlich werden die kosmischen Familien in naher Zukunft – notgedrungen aufgrund der energetischen Voraussetzungen – lediglich denjenigen Individuen einen Besuch abstatten, die in ihrer spirituellen und geistigen Entwicklung bereit dafür sind.

Das momentane Ereignis – das Herabkommen der Christusenergie auf die Erde – war und ist für uns und den Kosmischen Rat eine Aufgabe von höchster Priorität. Ganze kosmische Konföderationen haben verschiedenste Lösungen für einen optimalen Verlauf organisiert und vorgeschlagen. Die kosmischen Familien und kosmischen Gemeinschaften der Nachbarplaneten eurer Galaxis haben immerzu für euch gebetet und meditiert, haben sich geistig miteinander verbunden, ihre Gedanken materialisiert und zu einer abgestimmten Zeit ihre positiven Kräfte dafür vereint, dass der Durchbruch der kosmischen Energie am 11.11.2016 geschehen konnte. Dieser Tag beeinflusst euch positiv, und die Christusenergie wird euch heilen. Der göttliche Plan erlangt seine ursprüngliche Ausrichtung zurück, und die menschliche Zivilisation kommt wieder in einen Zustand der Normalität und Einzigartigkeit.

Wir alle haben das Privileg, diese Zeit mit unseren Sinnen selbst zu erleben, und wir haben die Möglichkeit, das Geschehen auf dem Planeten Erde zu beobachten.

Eure menschliche Linie war durch die dunklen Mächte mehrmals aus der Norm gerissen worden. Jetzt ist es an der Zeit, alles in den ursprünglichen Rahmen zu bringen.

Eure Seele wird sich wieder ihrer ursprünglichen göttlichen Essenz annähern können, und dabei ist es unwesentlich, woher ihr kommt, welcher Planet eure ursprüngliche Heimat ist und wohin ihr euch nach dieser Inkarnation zurückzieht. Wichtig ist, die eigene Göttlichkeit und Liebe in sich zu finden. Dadurch nähert ihr euch eurer wahren Heimat an.

Ihr nähert euch der göttlichen Essenz in eurem Inneren, die jeder von euch in sich trägt!

Die menschliche Seele wird wieder ein Paradies auf Erden erleben können und spirituelle Entwicklung auf allen Ebenen. Eure Seele und euer Geist werden fähig sein, sich in die Unendlichkeit auszudehnen und sich an die notwendigen Elemente anbinden können, die für die Materialisation von Gedanken und Wünschen erforderlich sind.

Eure Seele wird wieder unendlich sein, und dieses Privileg wird sie sogar im menschlichen Körper erleben können.

Die Essenz des menschlichen Plans ist die Unendlichkeit der Seele und ihre Ausdehnung in alle Ebenen eures Seins. Unendlichkeit bringt unendliche Möglichkeiten. Unendlich viele Möglichkeiten aller Möglichkeiten, so wie es in der Dimension der Ewigkeit ist, in die wir alle uns nach dem Fortgang aus dem physischen Körper zurückziehen.

Das ist der kosmische Plan und dahin geht die menschliche Seele. Schritt für Schritt in die Unendlichkeit und Ewigkeit. Dieser Prozess verläuft momentan sehr schnell. Schneller, als ihr euch bewusst seid. Eure Seele verbindet sich ununterbrochen mit den Impulsen der kosmischen Energie, ohne dass euch das bewusst ist. Eure Seele arbeitet für euch, und zwar vor allem nachts – außerhalb von euch. Eure Seele bewegt sich momentan in Dimensionen, die gereinigt werden müssen und in denen gegebenenfalls Situationen abgeschlossen werden, die eure Seele belasten. Eure Seele erfüllt als Wesen der göttlichen Essenz ihre Aufgabe und nähert sich dem göttlichen Plan.

Eure Seele beginnt sich – vorwiegend nachts oder in Zeiten der Meditation – mit großer Geschwindigkeit zu bewegen und sich in verschiedenste Räume, Zeiten und Dimensionen auszudehnen. Deshalb fühlen sich viele menschliche Individuen müde und haben das Gefühl, dass die körperliche Müdigkeit unüberwindbar ist. Das liegt daran, dass die Seele eine hoch entwickelte Essenz ist, die entschieden hat, alles für euch zu reinigen und alles Negative loszulassen.

Das menschliche Individuum mit dem menschlichen Körper unterliegt einer Reihe belastender Situationen, da die Seelen durch die göttliche Intelligenz zu sich gerufen und in dieser Zeit der jetzigen Inkarnation auf diesem Planeten zur Verbesserung der Situation aufgerufen werden.

Der göttliche Plan ist absolut, genial und heilsam. Verbesserte Situationen oder Reinigung führen zur Annäherung an die göttliche Essenz und Wahrheit.

Ihr erhaltet verstärkt Hilfe durch die Lichtwelt, und euer Sein nähert sich den kosmischen göttlichen Gesetzen an.

Viele außerirdische Zivilisationen stehen der göttlichen Essenz sehr nahe. Die Seelen der Individuen dieser Zivilisationen dehnen sich in Raum und Zeit aus, und man könnte sagen, dass die Gemeinschaft dieser Zivilisationen einer bewusstseinsmäßigen Einheit ähnelt. Alle sind durch die Größe ihrer Seele miteinander verbunden. Jedes solche Individuum begreift und versteht die göttliche Essenz.

Dann ist es eine Freude, physisch auf einem bestimmten Planeten zu leben, wo Verständnis und Harmonie die Grenzen des Positiven übersteigen!

Die Aufgabe dieser Gemeinschaften ist es, in Harmonie zu bleiben und sich nicht von niedrigeren Energieformen beherrschen zu lassen, durch die sie eventuell bedroht werden könnten. Niedrigere Energieformen würden durch negatives Denken oder negatives Verhalten angezogen werden.

Deshalb ist es unser aller Aufgabe, Liebe, Licht und Dankbarkeit nicht versiegen zu lassen, sondern im Gegenteil: Sie sollen unablässig wachsen!

Übung

Licht zieht Licht an, Liebe Liebe!

Sei dir dieser Worte bewusst und erlaube deiner Seele, sich mit der Essenz von Licht und Liebe zu verbinden. Gib deiner Seele die Erlaubnis, falls du das Gefühl hast, dass deine spirituelle Entwicklung zu langsam verläuft.

Gib deiner Seele die Erlaubnis.

Oft ist deine Seele durch Versprechungen gebunden und durch Beschränkungen, die du selbst erzeugt hast. Oft kann deine Seele nicht so arbeiten, wie sie gern möchte, weil sie durch früher von dir geäußerte Verbote oder Vorstellungen gebunden ist.

Erlaube deiner Seele, mit der göttlichen Intelligenz zu arbeiten, sofern die göttliche Intelligenz sie zu sich ruft.

Erlaube dir Freiheit, Unendlichkeit und Ewigkeit!

Sprich laut: »Ich erlaube meiner Seele, sich der göttlichen Intelligenz anzunähern, und ich erlaube ihr, sich mit der göttlichen Essenz zu verbinden.

Ich erlaube meiner Seele, alles Negative abzugeben.

Ich erlaube meiner Seele, alle Situationen, die mich belasten, abzugeben, und all jene Situationen, die mich daran hindern, mich an die göttliche Essenz und ihre Liebe und ihr Licht anzubinden, auszugleichen.

Meine Seele ist absolut frei, ewig und unendlich in allen Dimensionen, Räumen und Zeiten.

> Liebe und Licht durchdringen meine Seele und alle Ebenen meines Seins.
> Ich bin Liebe.
> Ich bin.
> Danke.«

Durch das laute Aussprechen dieser Worte mit deiner ganzen Entschlossenheit gibst du deiner Seele die Erlaubnis, sich deinem und gleichzeitig dem göttlichen Plan anzunähern. Denke daran, dass nur mit reiner Absicht ausgesprochene Worte dich ans Ziel bringen! Die Erlaubnis für deine Seele kannst du natürlich auf deine eigene Weise aussprechen, es kommt nur auf deine Entschlossenheit an.

Glaube aber daran, dass deine positive Absicht erhört werden wird. Die Worte Liebe, Dankbarkeit und Licht sind die positivsten Formen im ganzen unendlichen Universum.

Liebe mit dir!
Liebe mit uns!

Telepathie und die Anbindung an deinen Lichtbegleiter

Eine weitere wichtige Erkenntnis, die ihr in die neue Ära mitnehmt, ist die Fähigkeit zur telepathischen Verständigung. Bei Weitem das Wunderbarste daran ist wohl die Möglichkeit, sich ohne Missverständnisse und Vorurteile zu verständigen. Das telepathische Denken und Übergeben von telepathischen Impulsen an andere ist eine Kunst, aber sie wird sich bei euch schon sehr bald entwickeln.

In früheren Zeiten war Telepathie bloße Theorie für euch. Das menschliche Einzelwesen war dazu nicht in der Lage und hätte sich auch deshalb nicht telepathisch verständigen können, weil wichtige Voraussetzungen bei ihm nicht gegeben waren. Welche das sind?

Erstens war sein Herz nicht von Negativitäten gereinigt und zweitens hätten seine Gedanken die Möglichkeit der Telepathie gar nicht zugelassen. Drittens wurde die menschliche Zivilisation des wichtigsten Aspekts beraubt – und das ist die Verbindung mit der kosmischen Christusenergie.

Ohne diese Energie auf dem Planeten Erde war die Verständigung durch Telepathie fast unmöglich.

Doch nun kann sich diese wunderschöne und machtvolle Energie über den ganzen Planeten verbreiten und mit euch in positiver Kraft arbeiten.

Telepathische Verständigung ist der erste und wichtigste Schritt und der Schlüssel zum Frieden. Mit Hilfe von Telepathie werdet ihr die Gedanken des anderen herauslesen können, es wird euch möglich sein, euch ohne weitere Fragen und Missverständnisse mit ihm zu verständigen.

Ihr werdet erfühlen können, worunter ein Mensch leidet und worüber er sich freut.

Euer Geschenk der Sprache wird niemals zugrunde gehen – sofern ihr es weiterhin pflegen wollt. Doch der Stil eurer Kommunikation wird sich mit Telepathie auf die nächste Bewusstseinsebene verschieben.

Eure Gedanken und Gefühle werden direkt sichtbar sein. Ihr werdet nicht vortäuschen können, dass euch bestimmte Dinge stören oder nicht stören, alles wird mit einem Blick und mit eurer Wahrnehmung gesagt sein.

Menschen, die sich momentan noch in den Anfängen ihrer Entwicklung befinden und nicht zu euch passen, verschwinden ohne Umschweife aus eurem Umfeld. Missverständnisse jeglicher Art werden von der Erdoberfläche hinweggefegt sein. Wozu unter etwas leiden, was im Grunde gar nicht existiert und nur in jemandes Geist entstanden ist?

Die Telepathie wird euch von der göttlichen Intelligenz verliehen. Ihr werdet die neue Art eurer Telekommunikation bald zu schätzen lernen.

Durch Telepathie könnt ihr euch auch viel besser mit eurem Körper und euren Organen verständigen. Vielen Menschen war bislang nicht klar, dass die Sprache der Organe etwas vollkommen Normales ist, dass ihr euch mit ihnen verständigen und ganz normal sprechen könnt und dass sie antworten. Durch die Verständigung mit den Organen könnt ihr euch schneller verschiedener Erkrankungen entledigen und damit euer irdisches Leben verlängern.

Es ist sogar eines der Hauptziele der Telepathie, mit sich selbst und dem eigenen Körper zu sprechen. Endlich werdet ihr euren Körper besser verstehen und seine Signale deuten können. Endlich wird es euch gelingen, mit euren eigenen Knochen und Zellen zu sprechen. Ihr werdet euch selbst verstehen. Euer Körper verrät euch, was ihn quält, er verrät euch, warum er gerade nicht richtig funktioniert, und ihr könnt sofort Abhilfe schaffen.

Euer Inneres – eure Essenz – wird telepathisch mit euch sprechen, und ihr werdet intuitiv die Signale direkt von der göttlichen Intelligenz empfangen.

Zuallererst erlernt ihr also die Kommunikation mit euch selbst. Das wird eure neue Aufgabe für diese neue Zeit sein. *Denn jeder Mensch, der anfängt, sich selbst absolut zu verstehen, wird auch andere absolut verstehen.*

Es wartet eine magische Zeit voller Überraschungen und neuer Erkenntnisse auf euch. Ihr befindet euch in einer Zeit, die für euch tatsächlich wie eine »Schulstunde« sein wird. Die Lichtwelt hat euch lange darauf vorbereitet. Sie hat euch bereits zur Zeit eurer Ruhe vorbereitet, als ihr euch in der Dimension der Ewigkeit befandet.

Jeder von euch, der sich momentan auf dem Planeten Erde aufhält, wurde auf diese Zeit vorbereitet. Jeder von euch hat eine bestimmte Aufgabe bekommen. Auch Menschen, die euch jüngst verlassen haben und »nach Hause« zurückgekehrt sind, haben zum göttlichen Plan gehört und auf eurem Planeten eine solche Aufgabe erfüllt.

Ein weiterer wichtiger Aspekt bei der Entwicklung der Telepathie wird sein, dass ihr alle Tierwesen auf eurem Planeten verstehen werdet. Wenn ihr ihre Sprache versteht, wird es leicht sein, mit ihnen zu kommunizieren, und ihr werdet ihre Bedürfnisse leichter verstehen. Das wird dazu führen, dass sich bald niemand mehr von der Körperhülle eines Tiers ernährt, weil das enthaltene Zellbewusstsein euch nach dem Ableben der sterblichen Überreste verrät, wie sich das Tier gefühlt hat. Eure Organe, vor allem eure Verdauungsorgane, teilen euch telepathisch mit, ob die aufgenommene Nahrung geeignet war.

Schrittweise werdet ihr die telepathische Verständigung erlernen, und sie wird in genau solchen Maßen zu euch kommen, wie ihr in der Lage seid, diese neuen »Schulungen« der Lichtwelt zu empfangen und umzusetzen.

Das Wichtigste für euch ist nun, euch selbst und den eigenen Körper verstehen zu lernen. Eure Körperhülle sollte lichtvoll strahlen. Sie sollte in einer Lichtfrequenz schwingen und sich mit der lichtvollen göttlichen Intelligenz in Resonanz fühlen. Euer Geist sollte Resonanz und Einklang zur Lichtwelt fühlen. Eure Seele sollte mit eurem Geist eins sein.

Die Verbindung mit der Lichtwelt bringt Harmonie und Liebe in der Seele. Die solltet ihr spüren, die sind die Voraussetzung für die Entwicklung von Telepathie. Diese Harmonie könnt ihr mit Hilfe der Christusenergie ziemlich schnell erreichen. Euer Herzmuskel wird wunderschön golden durchleuchtet, sofern er keine dunklen Belastungen mehr trägt.

Es ist uns eine Ehre, euch durch diese Zeit zu begleiten, und es ist uns eine Ehre, euch zu unterstützen. Eure jetzige Inkarnation auf dem Planeten Erde ist etwas Außergewöhnliches. Eure jetzige Inkarnation bringt euch und eurer menschlichen Gemeinschaft Entwicklung auf verschiedensten Ebenen eures physischen und spirituellen Seins.

Eure Bewusstseinsebene erhöht sich unablässig und nähert sich der göttlichen Intelligenz an. Euer Plan, den ihr euch für diese Inkarnation vorgenommen habt, entwickelt sich positiv. Damit euer Geist sich telepathisch verständigen kann, braucht ihr aber unbedingt Raum für euch. Das bedeutet, sich hin und wieder absolut von der Außenwelt zurückzuziehen, Zeit und Raum nur für sich selbst zu schaffen, sich nicht ständig von Menschen um einen herum beeinflussen zu lassen, selbst wenn es Familienmitglieder sind.

Nehmt euch Zeit nur für euch, Zeit für Meditation und Zeit für eure Verbindung mit der Lichtwelt. Wenn ihr wollt, helfen wir euch bei der Entwicklung eurer telepathischen Fähigkeiten. Glaubt uns: Diejenigen, die schon in vergangenen Jahren der jetzigen Inkarnation an sich gearbeitet haben, werden einen schnelleren und erfolgreicheren Verlauf dieses Prozesses an sich feststellen können.

Falls ihr Personen seid, die sich erst vor Kurzem auf den Lichtweg begeben haben, verzweifelt nicht, sondern seid dankbar dafür, dass euch euer höheres Ich führt und sich auf alle möglichen Arten bemüht, euch Impulse und Informationen zu übergeben, damit sich auch eure Seele in dieser Inkarnation entfalten kann.

Seid dankbar dafür, dass sich euer Kontakt zur Lichtwelt nicht in die Dimension der Zukunft entfernt hat (die ein bloßes Gedankenkonstrukt ist) und dass ihr eure Bewusstseinsebene jetzt und in diesem Raum entwickeln könnt.

Im Vergleich zu vergangenen Zeiten wird euch nicht mehr drohen, dass eure Bewusstseinsfelder euch durch die dunklen Mächte geraubt werden. In vergangenen Zeiten wurden euch lichtvollen Menschen eure Bewusstseinsfelder, wie ihr im Laufe der vorangegangenen Inkarnationen angesammelt habt, nämlich direkt bei der Geburt auf den Planeten Erde weggenommen! *Wie absurd und traurig.*

Aber euer Geist und eure Seele sind ewig, ihr seid ewig, und der göttliche Plan für diese Zeit besteht darin, so viele Menschen wie möglich, die dafür bereit sind, an ihre lichtvolle Aufgabe auf dem Planeten Erde zu erinnern.

Auch wir, die plejadische Zivilisation, die euch schon Jahrtausende lang begleitet hat, sind unheimlich stolz auf Individuen, die – egal auf welche Weise – den Weg des Lichts, der Liebe, des Verständnisses und der Dankbarkeit beschritten haben.

Du, genau du, der du jetzt diese Zeilen liest, bist eines dieser Individuen, einer dieser Lichtboten. Dein höheres Ich und deine Seele haben dich zum Kontakt mit uns geführt. Sie haben dich zur Kommunikation mit uns geführt. Durch die Kommunikation mit uns kannst du dich bewusstseinsmäßig optimal entwickeln. Durch den Kontakt mit uns wird dir auf deinem Lichtweg in dieser Inkarnation geholfen.

Nicht zufällig ist dir dieses Buch in die Hände gefallen. Es existieren keine Zufälle. Deine Seele wollte diese Entwicklung, und das Zusammenspiel aller äußeren Umstände hat dich zur optimalen Entwicklung deines Bewusstseins geführt.

Dein Bewusstsein wird erweitert und mit der Zeit unendlich werden. Es wird sich in alle Richtungen deiner Existenz ausbreiten – deiner Existenz in allen Dimensionen, Räumen und Zeiten.

Bereits beim Lesen dieser Texte, genau wie bei den vorangegangenen Büchern, bist du bewusstseinsmäßig und körperlich mit uns verbunden. Durch deine Anbindung dehnt deine Lichtfrequenz sich aus, die Schwingungsrate erhöht sich.

Lass uns gemeinsam daran arbeiten, dich noch mehr und bewusst an die kosmische Christusenergie anzubinden. Lass uns gemeinsam dein inneres Licht ausdehnen und zum Erstrahlen bringen und an das große Licht anbinden. An das Licht der Zentralsonne. Der Zentralsonne, von der diese magische und liebevolle Christusenergie kommt.

Sie kommt zu jedem von euch. Es genügt, sie einfach anzunehmen und in dein Heim und in dein Herz einzuladen.

Übung

Schaffe dir nun Raum für dich, nur für dich allein. Einen Raum, der optimal für dich ist und in dem du dich physisch und psychisch geschützt fühlst. Die beste körperliche Haltung für den Empfang dieser heiligen Energie ist eine sitzende Position.

Atme tief und verbinde dich kraft deines Herzens mit der kosmischen, lebensspendenden Energie, die dich nährt und dich leben lässt.

Lasse alle deine Chakren reinigen, so dass die Energie durch sie hindurchstrahlt.

Du fühlst dich sicher, und du fühlst dich vollkommen entspannt.

Nun bekommst du von uns ein kosmisches Geschenk. Du erhältst jetzt und in diesem Raum einen Lichtbegleiter, der dich auf deinem Lichtweg durch diese Inkarnation begleitet und dir während der unterschiedlichsten Prozesse beim Wachstum deines spirituellen Bewusstseins hilft.

Jetzt, in diesem Raum, ist ein Lichtbegleiter zu dir gestoßen. Jetzt, in diesem Raum und in dieser Zeit. In deiner Zeit und in deinem Raum.

Er ist für dich da und wurde dir soeben durch die Lichtwelt zugeteilt. Er wird dich so lange begleiten, wie du möchtest und wie du ihn benötigen wirst.

Trete nun in bewussten Kontakt mit deinem Lichtbegleiter.

Bitte ihn um die bewusste Anbindung deines Geistes und deiner Seele an die Kraft, Liebe und Information des Christusstrahls, der aus der Dimension der Zentralsonne kommt.

Lasse diese Energie durch dein Herz gehen und nehme diese Energie mit Dankbarkeit an.

Bitte deinen Lichtbegleiter, dass dein physischer und dein spiritueller Körper jetzt und in diesem Raum von allen störenden und negativen Faktoren gereinigt werden.

Bleibe in deinem Raum und fühle bewusst das Strömen dieser magischen Energie.

Du empfängst die kosmische Christusenergie, die du für die Entwicklung deiner telepathischen Fähigkeiten brauchst, in deinem reinen Herzen. Mit deinem reinen Herzen.

Dein Herz ist rein und liebevoll.

Atme tief.

Sprich laut: »Mein Herz ist rein und bereit für die Entwicklung der telepathischen Verständigung. Mein Herz ist rein und fähig, die Christusenergie zu empfangen und sich mit ihr zu verbinden. Ich bin bereit.

Ich danke dafür.« Sprich: »**88445719**.«

Bedanke dich bei deinem Lichtbegleiter für seine Hilfe.

Wir danken dir für deinen Fleiß und deine Entschlossenheit, einen weiteren Bewusstseinsschritt zu gehen. Führe diese Anbindung so oft durch, wie du es für erforderlich hältst. Auch wir werden dich auf deinem Weg unterstützen.

Nach einer gewissen Zeit wirst du beobachten können, dass sich erste Anzeichen von Telepathie einstellen. Du wirst zum Beispiel im Voraus spüren können, wie sich eine bestimmte Situation entwickeln wird. Du wirst aufhören, dich mit gewissen Zweifeln zu quälen, weil du schon von Anfang an »ahnen« wirst, wie sich eine bestimmte Situation auflöst.

Telepathie bringt dir eine riesige Erleichterung in dieser Inkarnation und hilft dir dabei, dich in diesem Leben und auf diesem Planeten besser zu orientieren. Du wirst dich selbst und andere endlich verstehen.

Anmerkung der Autorin

Die Zahlenreihe **88445719** ist ein Zahlencode, der dir bei der Anbindung an die Christusenergie hilft und dich gleichzeitig vor negativen und dunklen Mächten schützt. Diese Zahlenreihe wirkt harmonisierend auf allen Ebenen und bringt dir die Liebe der kosmischen Christusenergie.

Mehr Informationen zu dieser Zahlenreihe findest du in Band 2 der *Lichtbotschaften von den Plejaden*.

Die Kraft eurer Familie im Licht und eure Anbindung an sie

diktiert durch Orella

In eurer genetischen Ausstattung beginnen sich erste Veränderungen abzuzeichnen. Eure DNA-Ketten fangen an, sich in der richtigen Richtung und mit der richtigen Frequenz zu verbinden. Früher war eure DNA an die Felder des kollektiven Bewusstseins angebunden, und euer Geist hat ständig fehlerhafte und schädliche Informationen daraus empfangen. Ihr wart voll mit dem schadhaften Bewusstsein verbunden.

Aus diesem Schleier konntet ihr euch nur durch euren Fleiß und eure Entschlossenheit befreien – durch die Entschlossenheit, euch nicht mehr irrtümlich und fälschlich beeinflussen zu lassen. Durch eure Entschlossenheit, das Licht in euch wieder aufflammen und nicht mehr erlöschen zu lassen.

Eure Entschlossenheit hat euch viele Vorteile gebracht, aber gleichzeitig hat sie auch eine ganze Reihe von Hindernissen erzeugt, die ihr bewältigen musstet.

Wir wissen, dass ihr die Hindernisse auch in dieser Zeit bewältigt, doch ist es wichtig, alles zu reinigen und ohne Belastungen in eine neue Zukunft einzutreten.

Über Tausende von Jahren eurer Inkarnationen hier auf der Erde habt ihr nicht wenige unangenehme oder schmerzliche Angelegenheiten angesammelt. Eure ganze leibliche Familie und die Familie, die sich momentan in der Dimension der Ewigkeit befindet, haben auf dem Planeten Erde Belastungen angesammelt, derer es sich ein für allemal zu entledigen gilt.

Glaubt daran, dass ihr durch eure Arbeit an euch selbst auch eurer gesamten Generation helft und sie von Belastungen befreit, die sie sonst vielleicht nicht hätten entfernen können, weil ihr Bewusstsein beim Aufenthalt auf dem Planeten Erde spirituell nicht ausreichend angehoben wurde. Und nicht nur der einen Generation, in der ihr lebt.

Ihr könnt mit eurem Licht eurer ganzen Familie helfen! Dadurch, dass ihr an euch selbst arbeitet oder fleißig gearbeitet habt, habt ihr bis zu dreizehn Generationen vor euch geholfen!

Stellt euch diese enorme Menge an Familienmitgliedern vor, denen ihr bereits geholfen habt. Euer Licht hat eure gemeinsamen Blockaden durchleuchtet, die ihr von Inkarnation zu Inkarnation mitgeschleppt habt und die sich immerzu durch alle Linien eures Seins gezogen haben.

Ja, es ist euch mit eurem Licht gelungen, eure Familie zu »durchleuchten«! Das war sehr wichtig, da die Familie im Licht aufatmen konnte. Und nun ist sie euch unendlich dankbar dafür, dass ihr ihr viel Arbeit bei der Verarbeitung der unterschiedlichsten Angelegenheiten abgenommen habt.

Eure Familie im Licht blickt aus der Dimension der Ewigkeit auf euch herab und sendet euch Dankbarkeit und Liebe. Durch euer bewusstes Verhalten können einzelne Mitglieder eurer Familie höher steigen und sich der göttlichen Dimension der Liebe annähern.

Macht euch bewusst, dass eure Lichtfamilie fortwährend über euch wacht, und es sind nicht nur die Familienmitglieder, an die du dich aus deiner jetzigen Inkarnation erinnerst. Zu deiner Familie gehören auch viele Mitglieder, die in ständiger Verbindung mit dir stehen, weil ihr früher einmal verwandtschaftlich miteinander verbunden wart.

In dieser momentanen planetarischen Situation wurden und werden in der Lichtwelt viele lichtvolle Verträge abgeschlossen. Verträge, wie man eurer Familie am besten helfen könnte, wie man am besten eurem spirituellen Wachstum helfen könnte und wie man am besten eurem Planeten helfen könnte.

Es wurde eine unzählige Menge an Verträgen abgeschlossen, wie einzig dazu dienen, euch Lichtboten bei eurer jetzigen Inkarnation zu unterstützen.

Lichtboten und Lichthelfer, wie ihr es seid, haben dadurch ein wunderschönes lichtvolles Geschenk erhalten. Sie haben die Kraft und Liebe ihrer Familie, die sich in der Dimension der Ewigkeit befindet, zur Verfügung gestellt bekommen.

Viele Mitglieder eurer lichtvollen Verwandtschaft sind im Licht geblieben, sind nicht physisch inkarniert, was euch die Möglichkeit gegeben hat, mit diesen Mitgliedern in ständiger Verbindung zu bleiben. Den Familienmitgliedern, die sich im Licht befinden, ist es dadurch besser möglich, euch bei eurer irdischen Aufgabe zu helfen, als wenn sie sich in einem physischen Körper befänden. In ihrer Lichtform haben sie die Möglichkeit, euch energetisch zu begleiten, sie haben die Möglichkeit, für euch die verschiedensten Situationen vorzubereiten, die ihr für euer Wachstum auf diesem Planeten braucht. Sie sind auch mit weiteren Lichtwesen verbunden, sie befinden sich in einer lichtvollen liebevollen Form, und diese umgibt euch tagtäglich. Ihr könnt es spüren, wenn ihr diese Wahrheit und dieses lichtvolle Geschenk annehmt.

Wenn ihr euch der Wahrheit bewusst werdet, dass die Mitglieder eurer verwandtschaftlichen Linie mit euch in direktem und ununterbrochenem Kontakt stehen, erhaltet ihr eine gewaltige Menge an Energie und lichtvollem Wissen.

Die Mitglieder eurer Familie mit der Aufgabe, euch zu helfen, die sich bewusst nicht inkarniert haben, warten nur darauf, euch behilflich sein zu können.

Schon beim bloßen Sichbewusstmachen dieser Tatsache bildet sich um euch herum ein riesiges energetisches Gebilde, das aus einer liebevollen Lichtformation besteht.

Eure Familie handelt mit lichtvoller, liebevoller Kraft. Eure Familie hat dennoch teilweise eine andere Frequenz, als sie zum Beispiel Engelwesen haben.

Eure Familie hat keine so feinstoffliche Frequenz, und dadurch kann sie sehr gut in der irdischen Welt für euch handeln. Sie kann euch mit ihrer lichtvollen Kraft sehr gut vor negativen Einflüssen aus eurer Umgebung schützen. Sie kann um euch herum einen gewissen energetischen »Filter« erschaffen, der Negatives nicht zu euch durchlässt.

Diejenigen Familienmitglieder, die sich bewusst nicht inkarniert haben, können euch unbeschreibliche Kraft spenden und möchten euch auf eurem Weg helfen. Sie helfen euch beim Wachstum eures Bewusstseins, während ihr mit eurer Entwicklung wie bereits erwähnt gleich mehrere Generationen durchleuchtet. Ihr durchleuchtet und befreit sie. Ihr befreit euch selbst, und ihr befreit eure Familie.

Gebt eurer Lichtfamilie die Bestätigung, dass ihr in direkter Verbindung mit ihr steht, und bindet euch an ihre Kraft und Liebe an. Ihr werdet sicher schon nach sehr kurzer Zeit fühlen, dass sich eure energetische Frequenz verändert und stabiler, stärker und widerstandsfähiger wird.

Eure Lichtfamilie ist in der Lage, euch vor den Einflüssen der dunklen Mächte, der dunklen Zivilisationen und dunkler Menschen zu schützen, weil die Frequenzen der Lichtfamilie, wie zuvor mitgeteilt, nicht so feinstofflich wie die der Engelwelt sind, und dadurch hat Negatives keine Chance, in euer System einzudringen.

Bei etwaigen Schwierigkeiten bittet eure Familie im Licht, dass sie euch energetisch reinigt und sich danach in einem Kreis um euch herum aufstellt und einen Schutzschild bildet.

Übung

Tretet nun bewusst und in Liebe in direkten Kontakt mit eurer Familie in der Lichtwelt.
Sprich laut:
»Ich, (dein Name), trete bewusst in Kontakt mit allen Mitgliedern meiner lichtvollen verwandtschaftlichen Familie. Ich stelle bewussten Kontakt mit allen Mitgliedern meiner Lichtfamilie her und bitte um beständige Hilfe und Begleitung in meiner Inkarnation auf dem Planeten Erde.
Ich bitte um Unterstützung bei allen meinen irdischen Angelegenheiten. Mein irdisches Leben verläuft glücklich, harmonisch und fließend. Meine lichtvolle Aufgabe ist hiermit positiv und erfolgreich programmiert.
Durch mein Handeln auf dem Planeten Erde helfe ich mir selbst und meiner ganzen lichtvollen Familie sowie meiner irdischen Familie.
Ich danke dafür und nehme alles in Dankbarkeit an.«
Atme tief und lasse kraft deines Atems deine Worte dein ganzes System durchdringen.

Wenn du möchtest, zünde anschließend eine Kerze an und errichte an einer Stelle, die du gern magst, einen kleinen Altar, der dir als Symbol des Kontakts mit deiner Familie dienen wird. Du kannst an dieser Stelle auch Gegenstände aufstellen, die symbolisch einen hohen Stellenwert für dich haben – lass diesen Platz heilig sein.

Außerdem kannst du dort Blumen oder kleine Geschenke als Ausdruck des Dankes für die Unterstützung und Hilfe bei deinem Lebensweg ablegen. Deine Lichtfamilie wird deine Bemühungen wertschätzen. Schließlich bewegt sie sich auch in deiner körperlichen Nähe und ist nur durch einen geringen Bruchteil an Raum und Zeit von dir getrennt.

Bei deiner Bitte um Hilfe begibt sich deine Familie sofort in deine Dimension und verbindet dich mit der Lichtwelt. Mit der Lichtwelt, ihrer Liebe und ihrer lichtvollen Kraft.

*Viel Glück und Erfolg
wünscht dir Orella!*

6

Euer Leben im Licht

Den Vornamen, den ihr in dieser Inkarnation tragt, habt ihr euch selbst ausgesucht. Ihr habt euren Eltern den Impuls gegeben, euch so zu nennen. Euer Name ist euer Charakter, und alles, was sich im Zusammenhang mit eurem Namen ergibt, ist für euch richtungsweisend und wichtig.

Er hilft euch frequenzmäßig auf eurem irdischen Weg, und ihr schwingt mit diesem Namen.

Ihr solltet aber wissen, dass die Namen, die ihr euch ausgesucht habt und die für eure irdische Inkarnation an euch vergeben wurden, in der Lichtwelt überhaupt keine Rolle spielen. Jede Seele, jedes Lichtwesen wird über die eigene Frequenz und über die eigene lichtvolle Essenz erkannt. In der Lichtwelt sind alle miteinander verbunden, und niemand braucht einen Namen.

In den Zeiten der irdischen Inkarnationen habt ihr schon unzählige Vornamen und unzählige Nachnamen erhalten. Ehrlich gesagt, wenn ihr euch alle Namen merken wolltet, die ihr euch je ausgesucht habt und die ihr in der jeweiligen Inkarnation getragen habt, würde sich in der Lichtwelt niemand mehr auskennen und jeder müsste euch mit Hunderten von Namen ansprechen. (Ich habe gerade gespürt, dass mein plejadischer Lichtführer, der mir diese Zeilen diktiert, bei dem Gedanken lächelt.)

Die Lichtwelt ist einfach strukturiert und sehr übersichtlich. Es gibt nichts Kompliziertes.

Die Wahrheit ist nun mal, dass jeder von euch einen Namen trägt, der euch von Gott gegeben wurde. Jeder von euch hat bei seinem Ursprung eine bestimmte Frequenzeinheit erhalten, die mit euch und mit eurer Essenz verbunden ist. Seinen ursprünglichen Namen trägt jeder von euch *in sich*. Euren Namen, eure Kraft und euer Element erfahrt ihr spätestens beim Fortgang aus eurem irdischen Körper. Danach fühlt ihr augenblicklich, was eure ursprüngliche göttliche Essenz ist, und ihr spürt, ob ihr euch während eurer Inkarnation von eurer Essenz entfernt habt.

Bei eurem Fortgang aus eurem materiellen Körper wird euch sofort klar sein, ob ihr eure Lebensaufgabe erfüllt habt oder nicht. Unverzüglich werden vor eurem inneren Auge euer gesamter Inkarnationsprozess, eure Erfolge, eure Verluste, eure Emotionen und die Emotionen anderer abgespielt: Emotionen der Freude und Emotionen der Trauer, Emotionen und Gedanken, die aufkamen, als ihr anderen eine Freude bereitet habt und als ihr andere verletzt habt. Euer ganzes Leben auf diesem Planeten wird euch vorgespielt werden. Ihr werdet eure eigenen Emotionen und die Emotionen anderer Menschen in einer bestimmten Situation fühlen. Ihr werdet alles auf einmal fühlen.

Niemand wird über euch richten. Nur ihr selbst werdet euch beurteilen. Einen Tag des jüngsten Gerichts als solchen, wie er euch oft dargestellt wird, gibt es nicht. Nur ihr selbst beurteilt euch. Ihr beurteilt oder belohnt euch selbst. Ihr müsst nicht befürchten, dass nach dem Fortgang aus dem irdischen menschlichen Körper eine Bestrafung für Taten erfolgt, die gegenüber anderen oder euch selbst nicht in Ordnung waren. *Es gibt keine Bestrafung.* Es erfolgt lediglich Gerechtigkeit – eine Gerechtigkeit, die zur Abwägung eurer Taten führt, der Abwägung durch euch selbst.

Eure positiven Taten und Handlungen werden gleichermaßen gerecht wertgeschätzt und belohnt.

Eure Seele wird höher steigen können, höher zum göttlichen Licht, zur göttlichen Intelligenz.

Jede eurer Taten auf dem Planeten Erde, ob positiv oder negativ, wird gerecht bewertet. Der göttlichen Intelligenz ist absolut klar, welche Umstände euch zu bestimmten Handlungen verleitet haben und warum ihr sie umgesetzt habt. Die göttliche Intelligenz ist machtvoll und gerecht. Sie ist aber auch liebevoll, und sie liebt uns alle. Jeden Einzelnen. Und jeden Einzelnen nimmt sie in ihre Dimension der Ewigkeit auf.

Jeder von euch ist für seine Taten verantwortlich, und jeder von euch erhält die Möglichkeit zur Wiedergutmachung. Jeder von euch wird durch die göttliche Intelligenz geliebt, und jeder von euch findet früher oder später seinen Frieden im Licht, in seiner Heimat.

Viele menschliche Individuen haben große Angst vor dem Tod und vor dem Übergang in die Dimension der Ewigkeit. Viele menschliche Individuen werden durch den negativen Einfluss der Kirche, die ihre »Schäfchen« auf sehr nachteilige Weise beeinflusst, unbewusst stark kontrolliert. Viele Einzelwesen haben Panik vor dem Fortgang von diesem Planeten, sie denken, dass mit dem Tod alles endet, oder sie haben ganz einfach keine Ahnung, was sie nach dem Fortgang aus dem menschlichen Körper erwartet, und wenden sich deshalb an verschiedenste Spezialisten und Psychologen, die sie von ihrer »Phobie« befreien sollen.

Viele dieser armen Menschlein ahnen nicht, dass sie im Augenblick des Ankommens in der Dimension der Ewigkeit gefeiert werden – dass sie durch ihre gesamte Verwandtschaft und Familie begrüßt werden. Sie ahnen nicht, dass sie bei der Ankunft Zuhause, ihrem wahren Zuhause, endlich aufatmen und in ihre ursprüngliche Essenz des Friedens und der Liebe zurückkehren können. Sie ahnen nicht, dass sie nur in eine andere Lebensform übergehen!

In der Dimension der Ewigkeit sind Liebe und Licht die wahre Essenz. Liebe und Licht nähren alle Lichtwesen und Seelen, und auch das Sichbewusstmachen und Reinigen von Fehlern aus der Zeit des irdischen Lebens wird in Liebe begleitet, in unendlicher Liebe und in Licht.

Bei der Ankunft zu Hause vergisst die Seele ihren Namen, sie vergisst Belanglosigkeiten und erinnert sich nur an die Situationen, die ihr bei ihrem Bewusstseinswachstum geholfen haben, ob sie nun positiv oder negativ waren. Sie erinnert sich an Situationen, als sie andere (wenn auch manchmal unbewusst) verletzt hat, und sie erhält von der göttlichen Intelligenz die Möglichkeit zur Wiedergutmachung.

Eine gänzlich normale und übliche Art der Wiedergutmachung ist zum Beispiel, dass die Seele, die einen Erdenmenschen verletzt hat, in das Leben dieses Menschen eingreifen und ihm in einer bestimmten Situation helfen darf. Das bringt der Seele ein gutes Gefühl und große Erleichterung.

Viele Seelen entscheiden sich, menschlichen Individuen zu helfen, die sich gerade in einer irdischen Inkarnation befinden, damit sie ihre Fehler aus dem menschlichen Leben wiedergutmachen können.

Diese Seelen, die sich für diese Aufgabe entschieden haben, sind sehr oft Führer für irdische Menschen, die Hilfe brauchen oder die um Hilfe gebeten haben. Ihr Menschen nennt sie dann oft »Geistige Führer«.

Nach dem Abarbeiten und Reinigen schlechter Erfahrungen, die sich auf dem Planeten Erde abgespielt haben, kommt die Seele zunächst in ein Feld der Ruhe, Zufriedenheit und

Liebe. Ist die Seele des Menschen nach dem Fortgang aus der körperlichen Hülle sehr erschöpft, kann sie ihre Taten auch *später* wiedergutmachen, sie muss nicht sofort handeln. Zeit spielt hier keine Rolle, und die Gerechtigkeit Gottes ist präzise und vollkommen.

Waren die Taten auf dem Planeten Erde unzulässig und hat die menschliche Seele einen bestimmten Bewusstseinsgrad, den sie für sich selbst vorgesehen hatte, nicht erreicht, kann sie dennoch vorübergehend in der Dimension der Ewigkeit bleiben und ausruhen. Nach einer gewissen »Dauer« wird sie in einer für die Seele geeigneten Zeit dann wieder auf den Planeten Erde gesandt und erhält dadurch die Möglichkeit einer direkten und sofortigen Wiedergutmachung.

Das Ziel der Inkarnation auf dem Planeten Erde besteht darin, in allen Situationen – ob positiv oder negativ – ein reines und helles Individuum zu bleiben. Die Kraft des Herzenslichts verrät, auf welche Art sich ein Mensch entwickelt hat.

Die Zeit, die eine menschliche Seele in der Dimension der Ewigkeit verbringen kann, ist unbeschreiblich schön und harmonisierend. Obwohl auch in dieser Dimension verschiedene »Abteilungen« und Räume existieren, bringt der Aufenthalt dort Erleichterung und Einklang mit Gott.

Menschen, die durch belastende Prüfungen der irdischen Inkarnation gegangen sind und dennoch ein reines Herz ohne Belastungen behalten haben, können in der Dimension der Ewigkeit bleiben und müssen nicht mehr auf den Planeten Erde inkarnieren. Sie können sich entscheiden, ob sie in dieser Dimension bleiben oder sich einer Aufgabe widmen wollen, wie zum Beispiel dem Begleiten menschlicher Einzelwesen bei schwierigen Situationen oder Katastrophen.

Viele dieser erwachten Seelen haben sich entschieden, in den unterschiedlichsten Bereichen zu helfen, wie etwa in schulischen Einrichtungen oder Kinderheimen. Viele Seelen helfen Wissenschaftlern und großen Persönlichkeiten, die zur positiven Entwicklung eurer menschlichen Gemeinschaft beitragen. Ein großer Teil der erwachten Seelen ist zuständig für »glückliche Zufälle« und Situationen, bei denen ihr selbst fühlen konntet, dass Lichtwesen eingegriffen haben.

Die Lichtwelt erschafft unendlich viele Möglichkeiten und bildet die Unendlichkeit eures Seins. Sie bringt unendliche Liebe und unendliche Harmonie – eine unendliche Menge an Situationen, an denen ihr wachsen könnt, sofern ihr es wollt. Sie erzeugt unendlich farbige Frequenzen, die ihr nur mit eurer reinsten Essenz wahrnehmen könnt.

Die Lichtwelt bringt unendliche Verbundenheit mit allen und mit allem. Durch die Lichtsprache bringt sie die telepathische Verständigung mit allen Lebensformen.

Sie ist die Dimension der Ewigkeit, unser aller wahre Heimat. Sie ist die Heimat unseres wahren Wesens. Sie ist die Heimat unserer Multidimensionalität. Sie ist die Heimat von uns göttlichen Kindern.

Es existieren keine Unterschiede. Wir alle werden geliebt. Jeder Einzelne.

Frieden mit euch!
Frieden mit uns!

7

Die Lichtkugel als einfache Methode

Eure planetarische Situation hat ihren Höhepunkt erreicht. Obwohl es vielen so vorkommt, als würde die Situation auf eurem Planeten nicht mehr zum Positiven verändert werden können, ist das Gegenteil der Fall. Im Hintergrund – hinter der Kulisse – spielt sich eine ganze Reihe von Ereignissen ab, die eure gesamte menschliche Zukunft beeinflussen.

Seit dem Jahr 2012 geschehen Veränderungen, die buchstäblich die ganze Welt erschüttern.

Die dunklen Mächte bemühen sich, noch so vieles wie möglich »niederzureißen« – sie versuchen, im letzten Augenblick die Vorherrschaft zu übernehmen.

Das, was nun geschieht, ist leider unumgänglich. Das Reinigen und die Transformation von Negativitäten äußert sich in einer »Erstverschlimmerung«. Stellen, die krank sind, müssen Unreinheiten und Schmerz zuerst abgeben.

Viele eurer menschlichen Kollegen verstehen diese Situation nicht. Sie beklagen sich über ihr Schicksal und lassen sich von negativen Prognosen verschlingen. Schließlich ist es für die Mehrheit der Bewohner des Planeten Erde schwierig, an das Gute zu glauben, wenn die Nachrichten im Fernsehen und Radio Tag für Tag nur negative und frustrierende Informationen bieten.

Wir verstehen, dass ein menschliches Einzelwesen, das nur diese Informationen erhält, beginnt, selbst negativ zu denken, und dass sein ganzes Wesen von dunklen Mustern durchdrungen wird. In diesem Fall ist es natürlich schwierig, die gesamte Situation auf dem Planeten zu durchschauen und das eigene Denken umzuorientieren. Diese Einzelwesen (und leider stellen sie die Mehrheit dar) verbreiten Negatives um sich herum und lassen keine Alternative zu.

Eure Situation auf der Erde hat ihren Höhepunkt erreicht. Der Gipfel trägt menschliches Unglück und Menschenleid. Es ist notwendig, diesen Gipfel zu verkleinern und einzelne Elemente abzubauen, das höchste Maß des menschlich Negativen zu überwinden. Es ist notwendig, diese Situation zu stoppen und zu versuchen, dass jeder mit seiner Kraft so viel Licht und Liebe in seine Umgebung aussendet, wie er nur kann.

Die dunklen Muster werden aufgelöst, und es verteilen sich hier lichtvolle Informationen.

Bei der positiven Veränderung hilft euch die kosmische Christusenergie. Sie lässt euch allen mehr Energie und physische sowie psychische Kraft zukommen. Sie verleiht euch Kraft, Liebe und Licht, wenn ihr sie annehmt.

Wir rufen erneut alle menschlichen Individuen auf: Verbindet eure positiven Kräfte und Gedanken und konzentriert euch auf die Heilung aller destruktiven Muster, die sich immer noch auf eurem Planeten befinden. Es gibt keine andere Lösung, als das Negative und die Dunkelheit mit Liebe und Licht zu überwinden. Es gibt keine andere Lösung.

Keine Macht irgendeiner Welt kann das Negative von eurer Erdoberfläche beseitigen. Keine Macht irgendeiner Welt. Gewalt würde nur weitere Gewalt mit sich bringen und Unruhe weitere Unruhen. Einzig Liebe und Licht können friedvoll alles Schlechte überwinden und das Negative friedlich von eurem Planeten nehmen.

Jeder von euch sollte bei sich selbst anfangen. Das wurde bereits unzählige Male gesagt, aber diese Worte bergen den Schlüssel zum Erfolg. Beginnt bei euch selbst und handelt so, wie ihr euch von anderen menschlichen Kollegen wünschen würdet, dass sie handeln. Aus dieser Situation könnt ihr euch nur selbst heraushelfen.

Verbreitet um euch herum und in eurer Umgebung die Frequenz von Licht und Liebe. Erzeugt eine Lichtkugel, die euch dauerhaft umgibt und mit der Liebe des Universums angefüllt ist. Bewegt euch mit dieser schwingenden, schönen Kraft durch euer Haus und durch eure Umgebung und verteilt die Liebe aus dieser Lichtkugel auf eure Umwelt. Verbreitet diese großartige Energie überall um euch herum und durchleuchtet mit ihr auch eure menschlichen Kollegen, die den Zugang zum Licht ebenfalls brauchen, ihn aber selbst noch nicht herbeiführen können.

Verbreitet diese Energie ohne Unterbrechung um euch herum. Bleibt in der wundervollen Anbindung an die Liebe des Universums, dadurch helft ihr auch anderen.

Ihr helft obendrein eurer eigenen Natur, welche die positive Energie genauso braucht.

Alle bewussten Individuen, die diese einfache Methode anwenden, sehen aus unserer Perspektive wie herrliche, strahlende Energiekugeln aus, die sich auf eurem Planeten bewegen. Erzählt so vielen eurer menschlichen Kollegen wie möglich von dieser einfachen Methode und lasst dadurch möglichst viele strahlende Kugeln entstehen, die mit ihrer Liebe dunkel schwingende Formationen auf eurem Planeten durchstrahlen und in Licht auflösen.

Eure Hilfe ist unabdingbar, und wir sind sehr stolz auf alle menschlichen Individuen, die bewusst sind und die Gesamtsituation auf dem Planeten verstehen. Wir sind so stolz auf diese Individuen, die nicht an der Wahrheit ihrer Worte und ihres Handelns zweifeln und genau wissen, mit welcher Bestimmung sie inkarniert sind.

Wir sind stolz auf alle Individuen, die mit der Kraft und der Liebe ihres Herzens handeln, obwohl die Situation auf dem Planeten Erde sehr kompliziert ist. Aber – wie wir euch bereits mitgeteilt haben – sie hat ihren Höhepunkt erreicht.

Wir sind stolz auf diejenigen Individuen, die in dieser Zeit inkarniert sind. Wir sind stolz auf sie, weil sie schon vor der Inkarnation über die Schwere der ganzen Situation Bescheid wussten und genau aus diesem Grund auf den Planeten gekommen sind. Sie sind gekommen, um Liebe und Licht zu verbreiten. Dafür danken wir ihnen.

Wir danken EUCH!

8

Die Liebe der Seele des Planeten Erde zu euch und die Kommunikation mit ihr

Obwohl es vielen so vorkommt, als bliebe die planetarische Situation so anstrengend und wende sich einfach nicht zum Positiven, sind die Umstände, die sich zeitgleich im Hintergrund abspielen, durch die Lichtwelt doch sehr gut durchdacht. Viele friedliebende außerirdische Zivilisationen verbinden sich mit dem Kosmischen Rat, der genaue Anweisungen von der göttlichen, universellen Intelligenz erhält.

Ein großer Gewinn werden für euch Erfindungen sein, die dabei helfen, die Lichteinheiten auf eurem Planeten in alle Bereiche der Erdkugel zu verteilen. Die entsprechenden Impulse und Informationen zur Erforschung und Entwicklung dieser Technologien werden schon sehr bald führenden Wissenschaftlern durch die Lichtwelt übergeben.

Sicher ist euch bereits aufgefallen, wie viel Unruhe und Aufgewühltheit ihr momentan in euch tragt. Ihr spürt diese Befindlichkeit, ihr spürt, dass Belastungen euren Körper verlassen und sich in Licht transformieren.

Das ist zwar ein herausfordernder Prozess, aber eure Lichtkapazität erhöht sich dadurch.

Gleichzeitig habt ihr bestimmt auch bemerkt, wie die Natur alle angesammelten »Unreinheiten« abstößt, die sie nicht länger ertragen will. Erdbeben und Überschwemmungen sind ein Beweis dafür.

Eure Erdlinien, die wie Meridiane euren Planeten durchziehen, werden zurzeit durch die Lichtwelt geheilt und energetisiert. Wir haben im Inneren eurer Erde Gerätschaften einbauen lassen, die heilende Impulse in eben diese Erdlinien aussenden. Wir bedienen uns dabei nicht nur der Lichtfrequenzen, sondern auch der Klangvibrationen, die mit ihren Tönen negative Muster auflösen können, welche sich im Inneren eurer Weltkugel befinden. Diese Töne vermögen sehr gut, alles Negative aufzulösen, und schon sehr bald werden die Erdlinien wieder durch den gesamten Planeten strömen.

Die Erdlinien haben eine sehr große Bedeutung. Mit Hilfe der heilenden Geräte, die wir vor allem unter den großen, wieder funktionierenden Pyramiden installiert haben, strömt die Energie verstärkt in die Gebiete, in denen heilende Lichteinheiten benötigt werden.

Das Ziel des Energetisierens und Heilens der Erdlinien ist die verstärkte Fähigkeit, kosmische Heilenergie aufzunehmen und sie auf der gesamten Weltkugel zu verbreiten. Auf eurem Planeten befinden sich Orte, die ihr als heilig bezeichnet. Es sind Tore für die kosmische Energie. Genau diese Orte werden momentan aktiviert und geheilt.

Das Ziel ist es, mit den geheilten Erdlinien die heiligen Orte eurer Welt untereinander zu verbinden, damit euer wunderschöner blauer Planet wieder Kraft erlangt.

Auf der Erdoberfläche geschehen momentan erschütternde Dinge, hervorgerufen durch die dunklen Mächte. Die menschlichen Gesellschaften fungieren nur noch als Spielfiguren, die sich gegenseitig bekriegen und übereinander herfallen.

Deshalb ist es dringend erforderlich, dass wir eurer Erde zunächst von innen heraus helfen, eurem Erdreich und vor allem der Seele eures wunderschönen Planeten Gaia.

Die Seele des Planeten braucht Kraft und Liebe, um sich wieder erheben und mit ihrer Schönheit vollkommen der kosmischen Energie öffnen zu können. Da euer Planet durch die von den dunklen Mächten erzeugten Negativitäten geradezu »vergiftet« ist, fühlt auch ihr eine innere Unruhe und eine Ernüchterung über die Gesamtsituation.

Die Seele eures Planeten Erde, auf dem ihr lebt und auf den ihr bereits mehrmals inkarniert seid, ist mit euch allen verbunden. Jeder trägt einen Teil von dessen Seele in seinem Herzen. Jeder von euch hat bei der Inkarnation auf diesen Planeten dessen Segen erhalten. Jeder von euch konnte bei ihrer oder seiner Geburt dessen Liebe spüren, dessen Güte und dessen Willkommensgruß. Jeder von euch, der auf den Planeten herabgekommen ist, hat bei jeder einzelnen Inkarnation den direkten Kontakt mit ihm hergestellt. Euer Planet hat sich jedem von euch anvertraut und teilt mit euch die Erwartung dessen, was kommt.

Ihr seid mit der Seele Gaia verbunden. Sie hat euch im Augenblick der Geburt mit der enormen Schönheit und Energie der jungfräulichen Natur und mit der Reinheit der Wasserreiche verbunden. Sie hat euch die Kraft und Natürlichkeit der Tierreiche fühlen lassen. Sie hat euch an die natürliche Kraft und Frequenz des Planeten Erde angebunden. Jeder von euch ist liebevoll willkommen geheißen und in ihre riesigen Arme geschlossen worden, in denen jedes Wesen eures Planeten Platz findet.

Jedes menschliche Neugeborene fühlt innerlich, dass die Natur sein Wesen ist und dass die Natur nach der Inkarnation aus den himmlischen Sphären sein zweites Zuhause sein wird.

Jede menschliche Seele trägt von Geburt an in der Tiefe ihres Herzens die Verbindung zur irdischen Natur, und die meisten menschlichen Wesen tragen diese tiefe Verbindung das ganze menschliche Leben lang in sich.

Die Seele Gaia steht mit jedem von euch in direkter Verbindung und lässt euch gerade jetzt ihren Zustand fühlen. Eine große Hilfe wird ihr zuteil, wenn die irdischen Meridiane wieder geheilt sind und wie früher in wunderschönen sphärischen Farben erstrahlen. Die Erdmeridiane heilen Bereiche des Planeten, in denen momentan fast gar keine Lebensenergie fließt, wie zum Beispiel Orte, an denen verschiedene Rohstoffe gewonnen werden.

Diesen Orten werden wieder Frequenzen der Heilenergie zugeführt, Mineralstoffe, welche diesen Orten fehlen, werden zugeführt. Wir können Mineralstoffe mit Hilfe von Visualisierung und Materialisation ihrer chemischen Zusammensetzung wieder aktivieren – mit Hilfe von Visualisierungsschablonen.[2]

Der Seele Gaia wird außerdem sehr geholfen werden, wenn alle Zivilisationen, die sich im Inneren des Planeten befinden, die Erdoberfläche verlassen. Die Erde hat dadurch eine innere Verletzung erlitten, direkt in ihrem »Körper« – und nach dem Fortgang dieser Zivilisationen wird es notwendig sein, diese Wunden zu heilen.

Die Seele Gaia wird nach dem Verschwinden von allem Dunklen von der Erdoberfläche Erleichterung verspüren. Sie wird aufatmen, tief aufatmen, und ihre beispiellose Kraft, Schönheit und natürliche Sicherheit erneut aufblühen lassen können. Sie wird dann in stärkeren und gezielteren Kontakt

---

[2] Dazu wurden noch keine detaillierten Informationen übermittelt.

mit euch treten und euch telepathisch ihre Bedürfnisse und ihre Botschaften mitteilen können.

Jeder von euch, der diese Zeilen liest, kann sich sicher an die ursprüngliche Verbindung mit Gaia erinnern und fühlt die Zusammengehörigkeit.

Lasst uns nun unsere positiven Kräfte verbinden und uns einmal bewusst und telepathisch an die Seele des Planeten Erde anbinden. Geben wir ihr wieder die Sicherheit, dass wir die Verbindung mit ihr nicht vergessen haben und erneut mit ihr als Einheit handeln werden.

Übung

Falls du die Möglichkeit hast, führe diese Übung in einer Gruppe durch. Eure Frequenz und euer Licht erhöhen sich dann, und Gaia wird sich unbeschreiblich über euren gemeinsamen Kontakt freuen.

Setze oder lege dich gemütlich hin und lasse die kosmische Heilenergie deinen Körper durchdringen.

Binde dich gedanklich an die Liebe deiner Galaxis an.

Verbinde dich bewusst mit deinem Lichtbegleiter, der dir dabei hilft, telepathisch mit Gaia zu kommunizieren, und der dich ihren momentanen Zustand fühlen lässt.

Verbinde dich ganz und gar bewusst und mit der Kraft deines Herzens.

Gehe jetzt in bewussten Kontakt mit der Seele eures wunderschönen Planeten. Konzentriere dich auf dein Herz und empfange Informationen, die gerade zu dir kommen. Lasse dir dabei Zeit und halte diesen Kontakt so lange aufrecht, wie du es brauchst.

Durch den Kontakt zu deiner Person gewinnt die Seele Gaia Kraft, und du kannst gleichzeitig Informationen erhalten, die dir bei der Arbeit an der Heilung des Planeten helfen können. Schon durch die Anbindung und den Kontakt zu Gaia mit der Kraft deines Herzens unterstützt du den Heilungsprozess.

Lass nun auch uns wirken. Wir durchleuchten deinen Körper und dein Herz mit der positiven Kraft unserer plejadischen Zivilisation.

Dein Herz strahlt und verbindet sich verstärkt mit anderen reinen Herzen von menschlichen Individuen, die mit ihrer Herzenskraft der Seele Gaia helfen möchten.

Ihr werdet zu einer wunderschönen, strahlenden Kette, die mit ihrem Licht die Erdoberfläche durchleuchtet.

Die Seele Gaia ist dir sehr dankbar für deine reine Absicht und lässt dich jetzt ihre Liebe und ihre riesigen gütigen Arme spüren.

Atme tief und bedanke auch du dich für ihre stetige Anwesenheit und für ihre Ausdauer.

Wir danken dir von Herzen und wünschen dir viel Erfolg bei der Kommunikation mit der Seele Gaia und beim Verständnis für ihre liebevollen Bitten.

Liebe mit dir!
Liebe mit uns!

Anmerkung der Autorin

Beim Schreiben dieses Kapitels sind ständig Motive des spirituellen Indiens vor meinem inneren Auge aufgetaucht. Es wurde mir auch mitgeteilt, dass die Seele Gaia auf dem ganzen Planeten und in unser aller Herzen wohnt. Dennoch betrachtet sie den spirituellen Teil Indiens als ihre Heimat und ihren Zufluchtsort, da Indien zu den energetisch gesehen heiligsten Orten auf dem Planeten gehört.

9

Noch ein paar Worte zu eurer Natur

Beim letzten Kontakt mit euch, als ihr euch mit der Seele des Planeten Erde verbunden habt, hat sich bei euch die strukturelle und räumliche Wahrnehmung eurer Verbindung mit ihr verändert. Eure Seele hat sich erinnert, dass der ursprüngliche Kontakt, den ihr mit der Seele des Planeten aufgebaut habt, sehr machtvoll und stark war.

Eure Seele hat sich erinnert, dass die Erdenseele in jedem von euch anwesend ist und dass ihre Liebe und Kraft euch alle verbindet. Eure Seele hat sich an den Duft ihrer Natur erinnert, an den Duft von frischem Wind, an den Atem der Bäume und die Feuchtigkeit salziger Meeresluft.

Sie hat sich wieder die Bilder ins Gedächtnis gerufen, die sie bei eurer Geburt wahrgenommen hat. Bilder von unberührter Natur, von klaren Bergflüssen, von gesunden Wäldern, blauen Ozeanen und wunderschönen Naturschauplätzen.

Sie hat sich den Anblick von in den Ozeanen schwimmenden Fischschwärmen ins Gedächtnis gerufen, von sich auf reinem und gesundem Erdboden bewegenden Tiergruppen und von Vogelschwärmen, die über das Land hinwegfliegen.

Eure Seele hat sich an die Verbindung mit der Natur erinnert, die sie möglicherweise vergessen hat oder die einfach nicht mehr ausreichend stark war.

Durch eure Erinnerung hat sich eure Verbindung mit der Natur und mit der Seele des Planeten Erde verstärkt. Eure Frequenz hat sich erhöht, die ihr gebraucht habt, damit ihr eure Inkarnation auf diesem Planeten vollwertig und ohne Einschränkungen erleben könnt.

Durch eure Erinnerung haben eure Seele und euer Körper bessere Voraussetzungen, der Struktur eures Planeten und der Stromstärke der Meridiane eurer Erde zu ähneln. Eure Seele wird nun mehr und mehr Impulse dahingehend aktivieren, dass ihr euch hier auf der Erde besser fühlt und euch vollkommen daran erinnert, dass dieser Planet für die Zeit eurer Inkarnation eure Heimat ist.

Für euch Menschen ist es nicht möglich, auf diesem Planeten zu leben und mit Körper und Seele von der Natur abgetrennt zu sein. Körper und Seele des Menschen brauchen den Kontakt mit der Natur und der Seele des Planeten. Sie brauchen täglichen Kontakt, und es ist notwendig, dass sie innerlich mit ihnen sprechen. Eure Seele und euer Körper sind seit eurem Herabkommen auf den Planeten Erde eine *Einheit!*

Ihr seid mit der Natur und mit Gaia, der Mutter Erde, verbunden, und diese hat euch alle miteinander verbunden. Jeder von euch ist eine Zelle des einen großen Organismus namens Gaia, und dieser große Organismus wiederum ist Teil eurer Galaxis, eurer wunderschönen Galaxis. Und eure Galaxis wiederum ist Teil des unendlichen Kosmos – des Universums.

Jeder von euch ist *unverzichtbar*. Jeder von euch ist ein einzigartiges Wesen, von dem es in diesem niemals endenden Universum kein Duplikat gibt. Jeder von euch ist ein Original, und jeder von euch ist ein wichtiges Glied dieser unendlichen Kette. Jeder von euch ist einzigartig und unverzichtbar.

Versucht so gut ihr könnt, euch in diese Kette einzugliedern, und bemüht euch, die Verbindung mit der Natur und eurem Planeten so gut wie möglich zu bewahren.

Eure kosmischen Familien stehen alle mit ihren eigenen Heimatplaneten in Kontakt, aber ebenso mit Gaia, weil sie auch auf diesen Planeten gekommen sind. Sie wissen, dass ihr energetischer und physischer Körper die Symbolik und den Charakter des Planeten, auf dem sie sich befinden, in sich trägt, dass sie einander gleichen.

Zivilisationen, die die Natur nicht geehrt und sie geradezu verwüstet haben, entledigten sich damit selbst ihres »Heimatrechts«. Wir kennen viele, die einen Planeten nach dem anderen verwüstet, ihn verlassen und andere Planeten besiedelt haben. Nie haben sie aus diesem Verhalten einen Nutzen ziehen können, und sie wurden nicht glücklich. All diese Zivilisationen haben den gesunden Kontakt mit dem betreffenden Planeten aufgegeben, was ihnen Lebenskraft und Vitalität entzogen hat. Es hat ihnen einen gesunden Zugang zum Planeten und einen gesunden Zugang zu sich selbst versperrt.

Wer die Gesetze der Natur ehrt und anerkennt und damit auch die Gesetze des Körpers, der ist vitaler, gesünder und insgesamt sehr viel ausgeglichener. Ein solcher Mensch ist an sie angebunden, und die Seele Gaia belohnt ihn mit Gesundheit und einem gesunden Zugang zur Welt.

Die Energie hat dann die Möglichkeit, beständig und in vollem Umfang durch die Körpermeridiane zu fließen.

10

Die eigene Verantwortung ins Goldene Zeitalter übernehmen

diktiert durch Orella

Das kosmische Geschehen, das sich momentan abspielt, wird in eure menschliche Chronik eingeschrieben. Erstens nehmen die Veränderungen unbeschreibliche Ausmaße an, und zweitens werden die Ergebnisse, die sich einstellen werden, positiven Charakters sein, der euch alle beeinflussen wird. Er wird auch uns und andere kosmische Gemeinschaften, die auf diese positive Veränderung bereits gewartet haben, beeinflussen.

Eure Galaxis, die zu den schönsten gezählt wird, was ihre Vielfalt angeht, gehört zu den hoch entwickelten Elementen des Universums. Eure Erde, die bislang als »Reinigungs- und Übergangsstation« dient, hat es sich endlich verdient, dass Ruhe und Harmonie zu ihr zurückkehren.

Es ist nicht angenehm und schön, auf die menschliche Gemeinschaft zu blicken und ihr nicht helfen zu können. Wir glauben daran, dass sich die Situation auf eurem Planeten bereits in kurzer Zeit zum Positiven wendet.

Eure kosmischen Familien, die in ständiger Verbindung mit euch sind, beten täglich für euch und bestärken euch energetisch. Obwohl euch die Gesamtsituation katastrophal vorkommt, liegen den jetzigen Ereignissen fortwährend Handlungen und Entwicklungen verschiedenster Pläne zugrunde, wie man euch helfen kann.

Ihr dürft nicht vergessen, dass die augenblickliche Situation das Ergebnis von Tausenden von Jahren ist, in denen negativ auf den Planeten eingewirkt wurde.

Es ist nicht möglich, »das Böse und die Dunkelheit« innerhalb weniger Monate oder Jahre zu entfernen. Dennoch haben wir alle das Privileg, in dieser Zeit zu leben, und die Möglichkeit, diese Situation positiv zu beeinflussen!

Bitte macht euch erneut bewusst, dass eure Inkarnation etwas Einzigartiges ist und es einen Sinn hat, dass ihr in dieser Zeit auf diesen Planeten herabgekommen seid.

Nur Menschen mit einer mutigen und liebenden Seele sind herabgekommen, damit sie zu diesem großartigen Plan der Rettung des Planeten beitragen. Egal auf welche Art und egal in welchem Ausmaß. Jede Hilfe ist ein enormer Beitrag, und jedes Licht entzündet weitere Lichter und wird zu einem unermesslichen Strahlen auf dem Planeten.

Eure Familien stehen in ständigem Kontakt mit euch – das macht euch bitte ebenfalls bewusst. Sie können mit euch Verbindung aufnehmen, wann immer ihr es wünscht.

Nutzt diese Chance und lasst euch durch ihre Kraft, Liebe und durch ihr Licht bestärken.

Mit eurer kosmischen Familie könnt ihr immer dann am besten in bewussten Kontakt treten, wenn ihr euch dieser Tatsache vollkommen bewusst seid. Es ist notwendig, sich im Geiste und in der Seele zu beruhigen und sich dafür vollkommen zu öffnen. Verlangsamt die Frequenz des täglichen Lebens und nehmt bewusst Verbindung auf. Nur so habt ihr die Möglichkeit, mit eurer Familie ruhig zu kommunizieren und benötigte Informationen von ihr zu erhalten.

Das gibt euch auch die Möglichkeit, euch von eurer Familie energetisch reinigen und aufladen zu lassen.

Eine ganze Reihe von Lichthelfern steht euch zur Seite, ob es nun eure Engel, Lichtbegleiter, eure verwandtschaftliche Familie im Licht oder eure kosmische Familie sind!

Ihr gehört zum göttlichen Plan, und ihr gehört durch eure Inkarnation und durch euer Sein zu den großen Lichtboten. Ihr selbst habt euch für diese Aufgabe entschieden.

Wir wissen, wie schwer und kompliziert es manchmal für euch ist, auf diesem Planeten zu leben. Wir wissen und fühlen, wie viel Kraft und inneren Mut es euch oft kostet, dieses »irdische« Leben zu meistern. Dafür schätzen wir euch sehr, und ihr habt unsere Hochachtung.

Wir wissen, wie viel Schmerz ihr gerade in diesem menschlichen Körper durchleben müsst. Der menschliche Körper hat bisher noch nicht gelernt, sich der Schmerzrezeptoren zu entledigen, und sehr oft müsst ihr die Schmerzen mit unterschiedlichsten Beruhigungsmitteln unterdrücken.

Wir wissen, wieviel psychischen Schmerz ihr häufig durchlebt, da euch menschliche Gefühle, Emotionen und Gedanken in die Wiege gelegt wurden.

Wir wissen, wie oft ihr traurig seid oder euch nach Ruhe, Harmonie und Glück sehnt. Innerlich fühlt ihr, dass ihr dieses Urbedürfnis nach Zufriedenheit und Glück in eurem Herzen tragt und euch auch die anderen Bedürfnisse immerzu erfüllen wollt. Deshalb schätzen wir so sehr euch Lichtboten, die ihr diese schwere Bürde auf euch genommen habt und für mehrere Jahrzehnte menschlichen Lebens auf den Planeten Erde herabgekommen seid, um zu helfen und Licht und Liebe zu verbreiten.

Wir fühlen mit euch und danken euch!

Wenn ihr »nach Hause« zurückkehrt, werdet ihr unsere Liebe und Verbundenheit mit euch augenblicklich fühlen und beurteilen können, was ihr positiv beeinflusst habt.

Verbindet euch verstärkt mit eurer kosmischen Familie, die euch physisch und psychisch sehr gut helfen kann. Sie steht mit anderen bewusstseinsmäßig hoch entwickelten kosmischen Zivilisationen in Verbindung.

Auf einer höheren Ebene sind wir alle miteinander verbunden – und wir helfen uns gegenseitig.

Wir fühlen, was andere kosmische Familien brauchen, und wir fühlen, was für sie notwendig ist zu tun. Und genauso fühlt eure kosmische Familie, die noch dazu mit dem Kosmischen Rat in Verbindung steht, was notwendig ist zu tun.

Verbindet euch mit dem Kosmischen Rat. Eine Anbindung an den Kosmischen Rat unserer Galaxis kann jeder erhalten, der ein reines Herz und reine Absichten hat.

Wir möchten, dass ihr versteht, welche Möglichkeiten sich euch durch eine Anbindung an eure persönliche kosmische Familie auftun. Ihr bekommt durch sie die Möglichkeit der Anbindung an den Kosmischen lichtvollen Rat, weil ihr alle verbunden sein werdet. In dem Augenblick, in dem ihr euch mit eurer Familie verbindet, werdet ihr eins sein. Ihr werdet die Liebe eures Heimatplaneten und der Galaxis spüren. Ihr werdet die Liebe der Christusenergie und die Liebe Gottes spüren.

In unseren vergangenen Botschaften haben wir euch mit unserer positiven Kraft, Liebe und mit unserem Licht sehr geholfen. Nun wünschen wir uns, dass ihr so weit kommt, dass ihr unsere Hilfe nicht mehr benötigt. Wir möchten, dass ihr deutlich fühlt: Ihr seid eure eigenen Schöpfer und nur ihr tragt diese unbeschreiblich schöne Kraft, Liebe und das Licht in euch, die es euch ermöglichen, die Ereignisse um euch herum so zu verändern, wie ihr es braucht.

Natürlich könnt ihr euch zur Bestärkung jederzeit an uns wenden, aber wir möchten, dass ihr die Kraft in euch selbst findet und entwickelt, eure eigene Urkraft, und dass ihr selbstständig und ohne fremde Hilfe handeln könnt. Werdet euer eigener Schöpfer.

Genau so, wie ihr es in der Dimension der Ewigkeit seid.

Ein solcher Schöpfer ist absolut mit der Liebe und dem Licht des Universums verbunden. Werdet zu einem Individuum, das anderen ein Beispiel ist, zu einem Individuum, das bei sich selbst beginnt. Hauptsächlich so könnt ihr euch selbst und anderen helfen.

Wir möchten, dass so viele menschliche Individuen wie möglich beginnen, diese Haltung einzunehmen, so dass Licht und Liebe sich über den ganzen Planeten verteilen.

Wenn wir aus unserer Perspektive auf euren Planeten schauen, ist er wirklich wundervoll, gigantisch schön und strahlt blau. Sobald es euch gelingt, dass er auch noch lichtvoll strahlt und das Blau sich mit der strahlend goldenen Farbe vermischt, habt ihr gewonnen.

Dann wird jenes Zeitalter kommen, das ihr das »Goldene Zeitalter« nennt – ein Goldenes Zeitalter auf allen Ebenen eures Seins und Lebens auf dem Planeten Erde.

Je mehr sich Licht und Liebe verbreiten, desto mehr nimmt das dunklen Elementen jeglichen Raum. Dann wird wahr, wovon alle träumen und worauf alle warten: ein Goldenes Zeitalter mit goldener Farbe, goldenem Denken und goldenen Frequenzen.

Das ist unsere und eure Vision, die schon in relativ kurzer Zeit erreicht werden kann, sofern ihr die Verantwortung übernehmt und anfangt, positiv für euch selbst zu handeln.

Wir danken euch für diese wunderschöne Verbindung, die es uns mit Hilfe dieser Zeilen gelungen ist, zu euch aufzubauen. Wir empfinden eure Gefühle und lesen eure Gedanken. Wir sind euch unendlich dankbar und wiederholen und sprechen unsere Dankbarkeit so oft aus, damit ihr sie in eurem Herzen spürt. Genau so fühlen wir es.

Euer Frequenzniveau erhöht sich ständig und eröffnet euch unendliche Möglichkeiten zur Anbindung an die Lichtwelt und zur Manifestation eurer Wünsche.

Steigt höher und höher und hinterlasst nur solche Spuren, auf die ihr stolz sein könnt und auf denen eure Taten wie wunderschöne Perlen oder strahlende Edelsteine zurückbleiben.

Genau solche, wie ihr selbst es seid!

Frieden mit euch!
Frieden mit uns!

Anbindung an eure ursprüngliche göttliche Essenz

Durch die Erinnerung an eure ursprüngliche Essenz und »Vergangenheit« wird euch bewusst werden, was in dieser Inkarnation für euch wichtig ist. Ihr werdet euch bewusst werden, was ihr auf dem Planeten erschaffen und welchen Dingen ihr euch widmen wollt.

Die Erinnerung an eure lichtvolle Aufgabe ist sehr wichtig. Sie bringt euch Erleichterung in der Seele und Lust auf weitere Schritte bei eurer Inkarnation.

Eure Geburt auf diesen Planeten ist nur ein Teil eures Seins. Es ist ein Sein auf der materiellen Ebene. Euer Sein ist aber unendlich. Auch euer Ursprung und eure ursprüngliche Essenz sind unendlich. Unendlich auf allen Ebenen, in allen Zeiten und Dimensionen.

Die Geburt eurer Seele im Kern der göttlichen Intelligenz und der göttlichen Liebe war geplant und ursprünglich durchdacht. Jede Seele, jede Energie, jedes Element ist im Kern der göttlichen Energie, die allmächtig ist, entstanden. Allwissend und alles liebend. Die Seele eines jeden von euch ist durch die Liebe Gottes entstanden. Durch die Liebe Gottes ist sie verbunden mit der Liebe des Universums und dem Licht der Zentralsonne des Universums. Die Unendlichkeit des Universums hat Unendlichkeit auf eure Seele übertragen.

Eure Seele ist ewig und geht niemals unter. Die göttliche Intelligenz entscheidet, wie viele Seelen und wie viele unterschiedlichste Energien und Elemente sie entstehen lässt.

Jede Seele, egal ob sie menschlich oder eines anderen planetarischen Ursprungs ist, entstand im Kern der göttlichen Intelligenz und ist ununterbrochen mit dieser Liebe verbunden. Außerhalb der Inkarnationen verweilt sie in der Dimension der Ewigkeit, und dadurch erhält sie die Gelegenheit, sich zu regenerieren und absolut mit der Liebe und dem Licht Gottes zu verbinden. *Jede Seele ist ohne Ausnahme das Werk der göttlichen Intelligenz.* Nennt die Intelligenz so, wie ihr wollt, für uns ist Gott eine allmächtige, allwissende Energie, die nicht endet und sich in alle Dimensionen, Räume und Zeiten des Universums ausdehnt.

Dadurch, dass die Anzahl der Dimensionen, Räume und Zeiten ebenfalls unendlich ist, kommt es zu einer Multidimensionalität, und genau so ist auch eure Seele multidimensional. Auch sie befindet sich in einer unendlichen Anzahl von Räumen, Dimensionen und Zeiten. Dadurch hat die Seele die Möglichkeit, alle Entwicklungsstufen der unendlichen göttlichen Intelligenz kennenzulernen, und kann sich mit ihrer eigenen positiven Entwicklung der Frequenz Gottes annähern.

Gott hat euch erschaffen, damit ihr seine Liebe kennenlernt und damit ihr mit seiner Liebe und seinem Licht in absoluter Verbindung steht. Er hat euch die Möglichkeit gegeben, euch zu materialisieren und dadurch das Leben in den verschiedensten planetarischen Parametern kennenzulernen. Eure Seele durchläuft eine Entwicklung, indem sie sich ausweitet. Ja, die Seele weitet sich aus, ihr Licht und ihre Energie entwickeln sich in alle Richtungen, und dadurch erfüllt sie alle Räume ihres Seins.

Gott gibt den Seelen und Energien Gelegenheit, auf unterschiedlichsten Planeten und in unterschiedlichsten Dimensionen und Räumen des unendlichen Universums zu leben. Das, was für euer Verständnis jetzt noch nicht begreifbar ist, ist eurer Seele nach dem Fortgang aus dem materiellen Körper sofort klar. Ihr ist alles klar, absolut alles.

Eure Aufgabe ist, diese Gesetze im menschlichen Körper zu verstehen. Zumindest teilweise.

Durch die dunklen Mächte wurde euch der Überblick über das gesamte Sein und über die grundlegenden Gesetze des Kosmos genommen. Es wurde euch der Gesamtüberblick über euer komplettes Leben, über eure jetzige Inkarnation genommen. Es wurden euch Erinnerungen an eure ursprüngliche Essenz und an eure Heimat in der Ewigkeit genommen. Gelassen wurde euch lediglich ein teilweiser Überblick, der auf euren Lebensweg auf diesem Planeten beschränkt ist.

Euch wurde der Überblick genommen, damit es euch nicht möglich ist, in die Geheimnisse des Kosmos Einblick zu erhalten. Oft sucht ihr nach eurem Ursprung und euren gesammelten Erfahrungen. Doch nur eine geringe Kapazität eures Gehirns wurde euch gelassen, damit eure Erinnerungen eingeschränkt sind. So erinnert ihr euch nur teilweise an bestimmte Situationen dieser Inkarnation, aber nicht an alle. Es ist euch nicht möglich, da die Kapazität des Gehirns dafür nicht ausreichend ist. Dafür, dass ihr euch an eure »Heimat« erinnert.

Ihr lebt auf diesem Planeten und habt nicht einmal einen Überblick darüber, wie euer Kosmos und eure Galaxis eigentlich aussehen. Ihr habt keinen Überblick, welche Zivilisationen und welche Völker in eurer näheren kosmischen Umgebung wohnen, und ihr habt keine Ahnung, wie die anderen Planeten und Sterne in Wirklichkeit heißen.

Euch wurde nur eine geringfügige Anzahl an Informationen gegeben, die eure Wissenschaftler und Forscher veröffentlicht haben. Sie suchen nach Informationen, die im Grunde offensichtlich sind, nach Informationen, die anderen Zivilisationen nicht vorenthalten werden. Es tut uns leid zu sehen, wie stark ihr euch bemüht, Informationen zu erlangen. Die dunklen Mächte haben euch von diesen Informationen und von anderen außerirdischen Zivilisationen abgeschnitten, damit ihr in der Vorstellung lebt, *dass nur die Rasse Mensch existiere und der Planet Erde der einzige besiedelte Planet des Universums sei.*

Die Informationen, die ihr bekommt, sind bislang absolut nicht ausreichend. Ihr lebt unter einer Glaskuppel, die dem Licht zwar eine Chance gibt, hindurchzudringen, aber nur in gefilterter Form und längst nicht umfassend, was eure wahren Fähigkeiten und euren Überblick über das unablässige Geschehen in unserer Galaxis einschränkt.

Offiziell habt ihr mit euren Fluggeräten gerade einmal die Möglichkeit, bis zum Mond zu fliegen.

Wie leid es uns tut, dass die dunklen Mächte euch die Möglichkeit genommen haben, euch zu informieren und den Kosmos in allen Richtungen zu erforschen.

Was euch momentan *erlaubt* ist zu leben, ist eine *künstlich* erschaffene Situation, und deshalb ist es notwendig, dass ihr euch an euren Ursprung erinnert. Das Licht und die Liebe Gottes haben euch Ewigkeit und Unendlichkeit gegeben, doch der Überblick sowie die Parameter eures Lebens und Seins wurden euch von den dunklen Mächten eingeschränkt. Auf allen Ebenen. Aus diesem Grund ist es erforderlich, sich zu erinnern. Es ist erforderlich, seine eigenen Erfahrungen und Kenntnisse zurückzuerlangen, sich wieder an die ursprüngliche Essenz, Frequenz und Kraft anzubinden und der eigenen Seele die Möglichkeit zu geben, sich abermals mit der wunderschönen göttlichen Energie zu verbinden.

Die positive Kraft und Liebe eurer Essenz sind ebenfalls unendlich und ewig. Das Licht eurer Essenz hat von ihrer Entstehung an die Kraft, sich in alle Richtungen des Universums auszudehnen und sich mit allem zu verbinden, was hell und liebevoll ist. Es ist grenzenlos.

Diese Kraft wurde euch genommen und euch dadurch der Gesamtüberblick über euer Sein entzogen. Ihr seid nicht mehr in der Lage, euch an die Erlebnisse und Kenntnisse zu erinnern, die euer Wachstum und eure Inkarnationen betreffen. Ihr könnt euch nicht an eure kosmische Heimat und an die Dimension der Ewigkeit erinnern.

Die dunklen Mächte haben euch alle Kenntnisse genommen, und damit habt ihr Angst entwickelt, weil eure Unwissenheit über die kosmischen Gesetze euch in die Klauen der Unsicherheit getrieben hat, in die Angst um euer Leben, um eure Existenz. Ihr habt dadurch vergessen, dass eure Seele ewig und mühelos fähig ist, sich an die Kraft, Liebe und das Licht des Universums anzubinden.

Ihr habt vergessen, dass eure Seele sich jederzeit und überall mit Liebe und Licht verbinden kann. Eure Seele kennt keine Angst oder Unsicherheit. Eure Seele kennt nur Liebe und Licht. Aber euer Geist wurde manipuliert.

Ihr habt vergessen, wie der Rest der kosmischen Welt aussieht und wie es den anderen Zivilisationen auf den umliegenden Planeten geht. Ihr könnt euch nicht mehr erinnern, welche Planeten ihr bewohnt habt, nachdem ihr im göttlichen Licht geboren wurdet.

Lebenswichtige Erfahrungen wurden euch genommen und nur minimale Erinnerungen gelassen, oft negativen oder traumatisierenden Charakters, damit ihr keinen Raum habt, euch positiv zu entwickeln.

Eure negativen Erinnerungen nehmen so viel Zeit in eurem Geist ein, dass er immer wieder auf diese Gedanken zurückkommt, ob nun bewusst oder unbewusst. Dadurch überwiegen bei euch negative Erinnerungen gegenüber positiven, und ihr seid unablässig damit beschäftigt, diese Erinnerungen loszuwerden oder zu entfernen.

Negative Erfahrungen haben die positiven Situationen bezwungen, und so wird eure Zukunft negativ beeinflusst. Ihr geht einen Weg, den ihr freiwillig nie gehen würdet, und die negativen Erinnerungen rauben euch oftmals Kraft für weitere Schritte in die Zukunft.

Macht euch bitte bewusst, dass dies alles der Plan der dunklen Mächte ist. Genauer gesagt, er *war* es. Eure Haltung zum Leben wurde künstlich erschaffen, der gesunde Überblick wurde euch genommen. Wenn ihr euch bewusst werdet, dass diese Art zu leben *künstlich* geschaffen wurde, habt ihr die Möglichkeit eines schnelleren spirituellen und ganzheitlichen Fortschritts. Euer Verständnis der ganzen Situation wird sich verändern, und ihr könnt eure Ansichten dann insgesamt neu bewerten.

Bitte werdet euch eurer Situation bewusst.

In jeder anderen friedliebenden Zivilisation wird Unterricht erteilt zum Beispiel über das kosmische Wissen und die kosmischen Gesetzmäßigkeiten. Die unablässige Anbindung an die Energie der Zentralsonne und der göttlichen Intelligenz sind ganz normale und alltägliche Rituale und ein ganz normaler Lehrstoff für Ausbildungszwecke.

Den Gesamtüberblick über die eigene Herkunft, über sich selbst und die Umwelt zu haben ist für euch der natürlichste Zustand überhaupt – ein gesunder Normalzustand.

Wir wissen, dass die dunklen Mächte euch beeinflusst haben und versuchen, euch diesen Gesamtüberblick zu nehmen. Wir möchten euch helfen, euch an eure Essenz zu erinnern, an eure Entstehung in der göttlichen Liebe, und damit eurer Seele die Möglichkeit geben, sich in Räume, Zeiten und Dimensionen auszudehnen, die ihr zugehörig und für ihre Entwicklung unabdingbar sind.

Wir möchten, dass diese Verbindung euer nächster Schritt zu eurer Selbstständigkeit und Übernahme der Verantwortung für euer Sein und für das Leben auf diesem Planeten ist.

Übung

Setze dich gemütlich hin und stelle dir einen Kreis um dich herum vor. Wenn du möchtest, kannst du ihn auch um dich herum aufmalen. Der Kreis wird dein persönliches Portal und deine persönliche Anbindung an die göttliche Energie herbeiführen.

Atme tief und lasse den Sauerstoff, der durch deine Lungen strömt, duch den gesamten Körper fließen, den Sauerstoff – eine kosmische Verbindung, die das Geschenk des Atmens dir macht.

Konzentriere dich auf dein Herz und lasse zu, dass die strahlende Energie der kosmischen Christusliebe es durchzieht.

Fühle diese Liebe und strahlende Frequenz.

Nun lasse das Licht in deinem Herzen sich vergrößern und durchleuchte mit diesem Licht deinen ganzen Körper und deine ganze Aura.

Dehne deine Aura noch weiter aus und lasse sie lichtvoll schwingen.

Lasse nun einen Strahl aus deinem Herz heraustreten und in Richtung deines Kopfes aufsteigen.

Er steigt aus deinem Kopf nach oben und zieht sich Richtung Himmel aufwärts.

Dieser Lichtstrahl durchdringt den Sternenhimmel.

Er steigt weiter und stößt durch einen weißen strahlenden Nebel.

Immer höher steigt er und durchläuft alle Farben des Regenbogens, die sich leicht und weich anfühlen. Die Farben sind strahlend, aber gleichzeitig ziehen sie dich mit ihrer Zartheit und Lieblichkeit an.

Mit deinem lichtvollen Strahl steigst du weiter auf. Du verlässt die Regenbogenfarben und gelangst in die Dimension der Liebe, der Ewigkeit und Harmonie. Das Licht, das so strahlend ist, zieht dich an. Dein Strahl beginnt diesem Licht ähnlich zu werden, und er beginnt, mit diesem Licht zu verschmelzen. Ihr seid eins. Du bist eins mit der Liebe der göttlichen Intelligenz, und du bist absolut verbunden mit der Frequenz des Lichts der Zentralsonne.

Du verschmilzt mit dieser Liebe und feinstofflichen Einfachheit.

Du verspürst absolute Ruhe, Frieden und Glück.

Schaue dich um und lasse diese Harmonie auf dich wirken. Du bist absolut mit der göttlichen Intelligenz verbunden. Lasse dir Zeit.

Bitte deine Seele darum, sich mit deiner ursprünglichen Essenz zu verbinden.

Bitte sie, sich mit ihrer Liebe, ihrem Licht und den Informationen über deine Herkunft zu verbinden.

Lasse alles auf dich wirken. Lasse deiner Seele Zeit, die Informationen und Impulse, die sie gerade erhält, zu registrieren und sich einzupägen. Bitte sie, diese Informationen an deinen Geist weiterzugeben, zu einem Zeitpunkt, an dem er sie brauchen wird, und dich daran zu erinnern, was für dein Wachstum und dein Wissen unerlässlich ist.

Bleibe noch einige Augenblicke in diesem Zustand.

Nun ist es an der Zeit, die Dimension Gottes gedanklich zu verlassen und in die Realität zurückzukehren. In deine Realität und auf diesen Planeten.

Lasse den Lichtstrahl zu den Regenbogenfarben sinken, zu dem lichtvollen Nebel und kehre zum Sternenhimmel zurück. Vom Sternenhimmel aus ist es nur noch ein kleines Stück zurück zu deinem Körper und zu deinem Herzen.

Der Lichtstrahl wird kleiner, verkürzt sich und sinkt zu deinem Herzen herab. Jetzt wird der Lichtstrahl zu einer kleinen lichtvollen Flamme und bleibt in deinem Herzen.

Diese Flamme kannst du jederzeit entfachen und wachsen und wieder in die Dimension der Ewigkeit und der Liebe Gottes aufsteigen lassen.

Atme tief und werde dir der positiven Kraft dieser kosmischen Sauerstoffverbindung bewusst, die dich atmen und leben lässt.

Bedanke dich bei deiner Seele für diese großartige Anbindung an deine ursprüngliche Essenz.

Sprich laut dein Geburtsdatum und deinen Vornamen aus. Entscheide dich bewusst, dich an alles Erforderliche und Notwendige, was du für diese Inkarnation auf dem Planeten Erde benötigst, zu erinnern.

Mit deinem Vornamen, den du dir für diese Inkarnation selbst ausgesucht hast, gibst du deiner Seele noch mehr Kraft, sich an deine ursprüngliche Essenz zu erinnern und sich ihr anzunähern.

Dein Name trägt für diese Inkarnation deinen Code und deine Verschlüsselung.

Wir danken dir!

Diese Anbindung ist eine sehr gute Übung. Du kannst sie beliebig oft wiederholen.

Deine Seele wird sich jedes Mal an mehr Erfahrungen erinnern können.

Wenn du willst, bitte deine Seele bei deiner nächsten Anbindung an deine Essenz um Informationen, wie dein ursprünglicher Name lautet, den Gott dir gegeben hat. Jede Seele hat ihren eigenen Namen, ihre Identität bekommen und jeder Name von Gott trägt SEINE ursprüngliche Kraft in sich.

Anmerkung der Autorin

In den meisten Fällen ist der Name, den du zuerst hörst oder wahrnimmst, der richtige. Zweifle ihn nicht an. Aus Erfahrung weiß ich, dass viele Namen sich nur aus einigen wenigen Buchstaben oder Silben zusammensetzen.

Die meisten Personen, die sich an ihren ursprünglichen Namen erinnern konnten, haben sich mit dem Namen, der ihnen von der Lichtwelt übermittelt wurde, schnell identifizieren und *liebevoll* verbinden können.

Sie haben ihre ursprüngliche Essenz sofort gespürt.

Diese Namen sind klangvoll und voller Liebe. Mein ursprünglicher Name beispielsweise ist *Siria*.

Jeder Name hat auch seine Farbfrequenz. In den meisten Fällen ist sie identisch mit der Grundfarbe eurer Aura und der gesamten Ausstrahlung.

Wenn ihr euren ursprünglichen Namen erfahren habt, sprecht ihn oft laut aus. Dadurch verbindet ihr euch mit eurer ursprünglichen Essenz.

Euer ursprünglicher Name ist ein Geschenk Gottes und kann euch helfen, euch schneller zu entwickeln und auf bestimmten Ebenen zu heilen.

Wenn ihr euren Namen bisher noch nicht erfahren habt, verbindet euch mit eurer Essenz und erlebt diese Verbindung in vollen Zügen.

Gutes Gelingen bei eurer Selbstfindung!

12

Manifestation eurer Wünsche und ihre Realisierung mit Hilfe des Nullpunktfelds

Für eure Entwicklung ist die absolute Verschmelzung mit eurer Natur unverzichtbar.

Von jeher, seit ihr auf diesem Planeten seid, seid ihr ein Teil der Natur. Als Mensch seid ihr ein Teil von ihr und gleichzeitig ein untrennbar damit verbundenes Element, was die frequenzmäßige Symbolik angeht.

Es ist wichtig für euch zu verstehen, dass die Natur und ihre Elemente euch unbeschreibliche Kraft und unbeschreibliche Möglichkeiten geben. Eure Entwicklung auf diesem Planeten hat in der Vergangenheit auf vielen Ebenen gelitten, und jetzt ist es an der Zeit, zur ursprünglichen Linie und zum ursprünglichen Plan zurückzukehren.

Unbeschreiblich vielfältig sind auch eure Möglichkeiten der Manifestation. Wie bereits mehrmals mitgeteilt wurde, bringt eure Anbindung an die kosmische Christusenergie viele Innovationen, was die bewusstseinsmäßige wie auch materielle Entwicklung betrifft.

Es ist an der Zeit, wieder mit der mächtigen und liebevollen Christusenergie zu arbeiten und damit das Leben auf allen Ebenen zu erleichtern. Sie bietet die Möglichkeit zur Manifestation all eurer Wünsche und zur Manifestation eurer materiellen Bedürfnisse.

Auf unseren Planeten ist es vollkommen normal, dass unsere Gedanken der Manifestation fähig sind und dass die Manifestation unsere Gedanken zur letztendlichen Realisierung eines bestimmten Wunsches bringen.

Wir brauchen nicht viel zum Leben, und doch können wir viele Sachen haben, wenn wir das möchten. Wir wissen aber, dass Sachen, die überflüssig sind, unseren Planeten belasten und schließlich auch unsere Gedanken und unsere Wahrnehmung. Wir verstehen, dass Überfluss schadet, und wollen unseren Planeten nicht mit Dingen vollstopfen, die vor allem unserer Natur schaden. Es gibt nichts Schlimmeres, als Müllberge und Gegenstände zu entsorgen, die niemandem genutzt haben und nur zum Zweck des finanziellen Gewinns hergestellt wurden, so wie es bei euch auf der Erde ist.

Auf unseren Planeten ehren wir die Natur absolut. Wir sind absolut mit ihr verbunden und haben dadurch die Möglichkeit, Kraft von ihr zu tanken – diese Kraft hilft uns bei unserem alltäglichen Leben. Durch die Kraft der Natur sind wir in der Lage, regelmäßige Verpflichtungen oder Angelegenheiten zu bewältigen. Wir sind nicht erschöpft nach einem durchlebten Tag, denn die Natur bietet uns unglaubliche Möglichkeiten. Vor allem sind wir absolut mit der Lichtwelt verbunden, leben im Gleichgewicht mit der Natur und im Gleichgewicht mit der Lichtwelt. Dieses Gleichgewicht gewährleistet uns die »Hermetischen Gesetze«, wie ihr sie nennt. Sie sind absolut gerecht und exakt.

Wie euch bekannt ist, hat alles seinen Gegenpol, alles hat sein Gegenstück. Die Natürlichkeit von männlicher und weiblicher Energie ist dafür ein Beispiel. Wie oben, so unten. Das Gesetz der Schwingung, alles bewegt sich. Das Gesetz von Ursache und Wirkung. Das Gesetz des Rhythmus. Das Gesetz des Absoluten.

Die Hermetiker, welche Erforscher eurer Gesellschaft waren, wurden durch die dunklen Mächte verfolgt, und viele von ihnen konnten ihre Lehren nicht unter die Menschen bringen, weil diese Lehren für die dunklen Mächte gefährlich waren. Diese Lehren beruhen im Grunde auf einem einfachen und natürlichen Prinzip. Es geht um die exakte Ausgeglichenheit aller Elemente eures Seins und um die Ausgeglichenheit eurer Umgebung.

Ihr könnt zum Beispiel nicht absolut mit der Lichtwelt verbunden sein und dabei nicht mit der Natur und ihren Elementen in Verbindung stehen.

Ihr müsst – und nehmt uns das Wort »müsst« bitte nicht übel – Ausgeglichenheit auf allen Ebenen eures Lebens erlangen, damit ihr in einen Entwicklungsabschnitt kommt, in dem ihr mit dem ganzen kosmischen Geschehen verschmelzen werdet. Das ist euer Ziel.

Die Wissenschaft der Hermetik erklärt die Gesetze der Dualität, die Gesetze der Anziehung und die Gesetze der Abstoßung. Sie erklärt die Gesetze der schwingenden Ebenen und Dimensionen. Sie erklärt die Gesetze der Gegensätze und der Zusammengehörigkeit. Diese Gesetze und das dazugehörige Wissen erklärt eine eurer führenden Autorinnen spiritueller Literatur, Doreen Virtue. Sie war ein Hermetiker und trägt dieses Wissen bis heute in sich. Ihre Bücher sind ein großer Beitrag für die menschliche Gemeinschaft und deren Entwicklung auf der ganzen Welt. Sie ist eine vom Kosmischen Rat ausgewählte Person und hat selbst in diese wichtige Inkarnation auf der Erde zu genau dieser Zeit eingewilligt. Sie ist eine große Helferin der Lichtwelt, eine Botin des Lichts und der göttlichen Liebe.

Was das Wissen der Hermetik anbelangt, ist es wichtig, dass ihr das zugrunde liegende Prinzip versteht. *Das Prinzip der kosmischen Gesetze*, die gerecht, exakt und niemals endend sind. Es ist wichtig zu verstehen, dass ihr mit eurem reinen Herzen die Möglichkeit habt, euch an diese Gesetze anzubinden und so mit ihnen zu arbeiten. Positiv mit ihren Schwingungen und mit ihrem Licht zu verschmelzen.

Versteht, dass die Welt, die sich um euch herum befindet, sich aus einer unerschöpflichen Anzahl von Dimensionen, Zeiten und Parallelitäten zusammensetzt. Aus einer unerschöpflichen Anzahl von Nebenwelten und einer unerschöpflichen Anzahl von Illusionen.

Im Grunde lebt ihr eine solche Illusion. Sie kommt euch allerdings wirklich vor. Um in einen Zustand der Wirklichkeit überzugehen, muss die Illusion sich an bestimmte Felder anbinden, die wir *Manifestationsfelder* nennen. Eigentlich handelt es sich dabei um *Nullpunktfelder*. Es gibt keine Ladung in ihnen, nicht einmal Energie, und dadurch sind diese Felder in der Lage, die Energie eurer Gedanken und Wünsche aufzunehmen.

Diese Manifestations-Nullpunktfelder sind *die Herkunft von allem, was ist*. Sie sind die Essenz von allem, Felder, in denen sich nichts wirklich befindet. Durch die Anbindung an diese Felder geht die Illusion in Wirklichkeit über.

Ist es für euch leicht vorstellbar, dass diese Felder nichts beinhalten? Durch ihre Leere sind sie fähig, sich in alle Dimensionen und Räume auszudehnen, bis Felder der Ewigkeit und Unendlichkeit aus ihnen entstehen.

Sie dehnen sich in alle Richtungen, Parameter, Ebenen und Zeiten aus und können sich mit Menschen oder Wesen verbinden, die die Fähigkeit besitzen, ihre Seele mit der Essenz der göttlichen Intelligenz zu verbinden und sich damit an die *Felder der göttlichen Ewigkeit* anzubinden.

Nullpunktfelder sind für euch im Grunde Helfer und Fährleute zur göttlichen Essenz, wo alles möglich ist und keine Grenzen mehr existieren.

Ein Nullpunktfeld schwingt mit keiner Vibration, es ist leer, neutral und dennoch machtvoll und ewig.

Für die Materialisation eurer Wünsche bedarf es der Anbindung an ein solches Feld. Eure Illusion breitet sich in die Frequenz der Ewigkeit aus, und euer Geist nimmt euer Sein als wahrhaftig wahr. Die Illusion ist ewig, und die Illusion ist notwendig für die Materialisation der Wünsche. Dabei ist Illusion nur ein Wort. Illusion ist nicht das, was ihr euch darunter vorstellt. Der Begriff der Illusion wird euch in der Zeit, in der ihr euch in der Lichtwelt befinden werdet, vollkommen bewusst sein. Ihr werdet verstehen, dass die Illusion der Wahrnehmung und die Illusion der Vorstellungskraft existieren.

Die Illusion der Vorstellungskraft ist wichtig für eure Manifestation. Illusion ist wie das Nullpunktfeld – ein Manifestationsfeld, das notwendig ist zu begreifen und wahrzunehmen. Durch eure Illusion kommt ihr dem Verständnis der kosmischen Gesetze näher. Illusion ist ein Element, das beweglich ist. Es ist beweglich in eurem Geist und in eurem Raum.

Die räumliche Wahrnehmung und deren Verständnis sind für die Manifestation eurer Wünsche notwendig. Mit der Größe eures Geistes und der Größe eurer Seele verbindet ihr euch mit dem Feld der Illusion, die das Nullpunktfeld umringt.

In den Feldern der Illusion ist alles möglich. Absolut alles. Alles, was ihr euch vorstellen könnt und wonach ihr euch sehnt, ist im Feld der Illusion möglich zu manifestieren.

Dieses Feld beinhaltet Elemente, die dimensional miteinander verbunden sind. Diese Dimensionen sind so stark verbunden, dass sie in regelmäßigen Abständen Materie bilden, in der alle für euren gedanklichen Manifestationsprozess notwendigen Elemente enthalten sind.

Sobald es eurer Seele und eurem Geist gelingt, beispielsweise durch Meditation in das Nullpunktfeld zu gelangen, habt ihr euch hundertprozentig angebunden. Ihr habt dann die Möglichkeit, aus diesem Feld der Illusion und der Wünsche heraus zu schöpfen.

Das bedeutet, ihr braucht in der bestimmten Schwingungsqualität, die Alphazustand genannt wird, nur euren Geist vom Körper zu trennen, damit die Seele die Chance bekommt, sich in alle Richtungen auszudehnen und mit Feldern zu verbinden, die sie in einen Zustand der Unendlichkeit führen – und anschließend in den Zustand der unendlichen Möglichkeiten.

Falls euch diese Behauptungen abenteuerlich vorkommen und für euch schwer zu verstehen sind, konzentriert euch darauf, den Geist vom Bewusstsein der Seele abzutrennen und dadurch in den Nullzustand zu gelangen. Der Nullzustand verbindet euch mit dem Nullpunktfeld, und das bindet euch augenblicklich an das Feld der Illusion an, wo ihr alle Wünsche manifestieren könnt.

Die Kraft eurer darauffolgenden Gedanken führt euch zur späteren Realisierung der Wünsche. Eure Gedanken verbinden sich mit dem Feld der Illusion und dessen Materie, in dem die Dimensionen ineinander fließen.

In manchen Ausnahmesituationen, die ihr in eurem Leben vielleicht schon erlebt habt, ist euch sicherlich die Kraft eures Handelns bewusst geworden. Besonders in Situationen, die lebensgefährlich für euch waren, habt ihr mit einer Kraft gehandelt, die euch im Grunde gerettet hat. Euer Geist ist in diesem Fall in den Hintergrund getreten. und eure Seele hat sich aus dem Selbsterhaltungstrieb heraus an die Kraft der göttlichen Energie angebunden. Ihr hattet in dem Augenblick das Gefühl, als würde jemand *für euch* handeln und als könntet ihr diese Situation aus einer anderen Perspektive beobachten. Das ist ein Beispiel dafür, was geschieht, wenn eure Seele anstelle des Geistes die Führung übernimmt und schnellstens und augenblicklich in das Feld der Leere eintritt – in das Nullpunktfeld, wo nichts existiert und dieses »Nichts« die Gefahr und die ganze Situation neutralisiert.

Vielen Menschen ist es in Ausnahmesituationen gelungen, optimale Ergebnisse zu erzielen. Während solcher Ausnahmesituationen haben sie aufgehört zu denken, und dadurch konnte die Seele in ihre Kraft kommen und handeln und sich an das Nullpunktfeld anbinden, das der Ursprung von allem ist, von allen Informationen und allen Elementen. Das göttliche Nullpunktfeld – der Anfang und ein nie aufhörendes Ende.

Viele geniale Menschen erhalten Informationen in Phasen der Trance, in die sie sich oft sehr bewusst selbst begeben. Im wachen Zustand würden sie zum Nullpunktfeld keinen Zugang finden – und es würde kein Illusionsfeld entstehen.

Ihr sollt Zustände wie Trance aber nicht in Erwägung ziehen. Versucht, die Verbindung an das Nullpunktfeld im absoluten Wachzustand herbeizuführen. In einem Zustand, in dem euer Geist nur teilweise in den Hintergrund tritt, während ihr bei vollem Bewusstsein und voll konzentriert bleibt.

Das braucht ein wenig Übung und Geduld. Aber bei einiger Ausdauer erzielt ihr eine erfolgreiche Wirkung.

Zum Üben ist Meditation gut geeignet. Eure Verbindung mit dem Nullpunktfeld wird vielleicht nur im Bruchteil einer Sekunde verwirklicht, aber das genügt eurer Seele bereits, damit sie sich an das Manifestationsfeld anbindet und in dem unendlichen Raum den Keim eures Wunsches sät. Dieser Keim, der gewissermaßen nur ein Punkt ist, trägt in sich alle Voraussetzungen für die Verbindung mit denjenigen Dimensionen, die für die Materialisation eurer Wünsche notwendig sind. Das anschließende Aussenden von Gedanken daran lässt diesen Keim eures Wunsches wachsen, und nach einer gewissen Zeit könnt ihr euch über erfüllte Wünsche freuen.

Es ist wichtig, sich genau zu überlegen, was ihr wollt und was nicht, was ihr lieber nicht wollt. Konzentriert euch nur auf positive Gedanken und lasst eure Vorstellung sich realisieren. Da euer Geist und eure Seele momentan schon sehr stark sind, könnte es passieren, dass eure negativen Gedanken sich ebenfalls materialisieren. Gebt auf eure Gedanken Acht. Sortiert sie aus! Setzt Prioritäten!

Überlegt euch genau, was ihr wollt, und visualisiert es. Visualisiert genau das, was ihr braucht. Es ist egal, ob es sich dabei um ein neues Auto, ein Haus oder Geld handelt. Jeder Wunsch kann sich für euch erfüllen. Tatsächlich jeder. Es ist auch nicht entscheidend für euch, aus welcher Dimension des Universums die Realisierung eures Wunsches zu euch getragen wird, *es kommt darauf an, wie groß die Kraft eurer Seele ist, sich in eurem Nullzustand an das Nullpunktfeld anzubinden.*

Werdet euch dessen bewusst, dass das Universum unendlich ist und unendliche Möglichkeiten hat. Wenn eure Gedanken und eure Anbindung stark genug sind, eröffnen sich euch die Dimensionen der Unendlichkeit und somit auch unendliche Möglichkeiten. Zerbrecht euch nicht den Kopf darüber, auf welche Weise euer Wunsch erfüllt werden wird. Zerbrecht euch nicht den Kopf darüber, wie eine bestimmte Sache zu euch kommt. Hauptsache ist, dass ihr die Unendlichkeit des Universums nutzt, und das könnt ihr, solange ihr mit reinem Herzen und mit reiner Absicht handelt.

Sobald ihr euch verschiedene Lösungswege zur Erfüllung eurer Wünsche überlegt, blockiert ihr euch damit selbst. Lasst alles fließen und gebt alles ans Universum ab. Die göttliche Intelligenz hat unendliche Lösungsmöglichkeiten, um euch eure Wünsche zu erfüllen. Es kann zum Beispiel geschehen, dass ihr euch eine bestimmte Sache wünscht, und jemand schenkt sie euch, weil ihr sie braucht. Es gibt keine Zufälle, und alles ist von der göttlichen Intelligenz durchdacht.

Hilfreiches für die Materialisierung deiner Wünsche

Konzentriere dich auf deine Kraft und die Kraft deiner Gedanken. Lasse deine Seele handeln. Trete selbst in den Hintergrund und lasse deine Seele sich in die Umgebung ausdehnen. Spüre die Verbindung mit der Ewigkeit und spüre die absolute Verbundenheit mit Gott. Ihr seid eins, und deine Seele durchdringt die Dimension der Ewigkeit und die Dimension der unendlichen Möglichkeiten. Sie bindet sich an das Manifestationsfeld an – das Nullpunktfeld – und sät darin den Keim deines Wunsches aus. Fühle die absolute Resonanz.

Es ist, als würdest du dich nicht in diesem Raum befinden. Es ist, als würde dein Geist nicht zu deinem Körper gehören und dich nur beobachten.

Deine Seele verbindet sich inzwischen mit den entsprechenden Dimensionen, in denen es möglich ist, deine Wünsche zu realisieren. Dann ist es nur noch eine Frage der Zeit, wann dein Wunsch in eine reale Form umgesetzt wird und du das »Produkt« deiner Gedanken in Händen hältst.

In der siebten Bewusstseinsdimension, in die du im Laufe der Zeit gelangen wirst, lernst du, Dinge oder Gegenstände direkt zu realisieren und zu materialisieren. Du wirst mit deinem Geist Gegenstände unmittelbar erzeugen können, da du mit dem Visualisierungsfeld arbeiten kannst.

Du wirst diesem Feld Gedanken einprägen und damit bestimmte Gegenstände erzeugen können. Du wirst deine Wünsche nicht manifestieren und dann auf die Lösung und Vollendung deiner Wünsche warten müssen. Du wirst sie gleich materialisieren können. Unverzüglich.

So weit wird es sein, wenn deine Seele und dein Geist wieder einen Schritt weiter sind und deine Seele fähig geworden ist, sich absolut in alle Dimensionen, Räume und Zeiten auszudehnen. Dadurch gelingt die Anbindung an die göttliche Energie zu einhundert Prozent.

Wir wünschen euch viel Erfolg
bei der Manifestation eurer Wünsche!

13

Eure kosmische Familie, eure Anbindung an sie und eine Zahlenreihe

Die Manifestation und schrittweise Materialisation eurer Wünsche ist euer nächster Entwicklungsschritt.

Seid euch bewusst, dass viele eurer »Mitbewohner« dieses Planeten die Zusammenhänge und das Geschehen auf dem Planeten bislang nicht verstehen. Das ist zwar für euch wie für uns ein trauriger Fakt, aber mit eurem Eifer und eurem Licht helft ihr auch den Wesen, die ihren Weg erst begonnen haben.

Dass ihr ein erhöhtes spirituelles Bewusstsein besitzt, habt ihr vor allem euch selbst zu verdanken. Ihr selbst habt an eurer Entwicklung gearbeitet, und ihr allein habt euch immer bemüht, dort zu sein, wo ihr jetzt gerade seid.

Eure Mühe wird belohnt werden. Sie wird vor allem mit eurem erfolgreichen Fortschritt belohnt, und noch dazu freut sich die Lichtwelt über eure Entwicklung. Sie freut sich darüber sehr. Euer Licht fängt an, dem Licht der Lichtwelt ähnlich zu sein. Das bedeutet eine vorerst zumindest teilweise Verbindung mit der Lichtwelt und ihren Informationen – mit den

Informationen der kosmischen Energie, den Informationen eurer kosmischen Familie, die sich dem Licht der göttlichen Intelligenz bereits stark angenähert hat. Durch ihre spirituelle Entwicklung hat sie es geschafft, sich frequenzmäßig anzuheben und dadurch ein der Schwingung der göttlichen Intelligenz sehr ähnliches Licht zu erreichen.

Die Gedanken und Impulse der göttlichen Intelligenz gelangen täglich und ununterbrochen zu euren kosmischen Familien. Es ist unwesentlich, von welcher friedliebenden Zivilisation eurer Galaxis ihr kommt.

Alle friedliebenden kosmischen Zivilisationen haben ein erhöhtes Bewusstsein, und dadurch stehen sie mit der göttlichen Intelligenz in Verbindung. Sie leben sehr gut, und ihr Alltagsleben ist freudvoll und glücklich.

Eure kosmische Familie steht in ständiger Verbindung mit euch. Ihr könnt lernen, ihre Signale und Informationen zu empfangen. Das Leben auf diesem Planeten wird für euch insgesamt einfacher sein, wenn ihr lernt, die Impulse der Lichtwelt wahrzunehmen.

Die Engelwelt bringt euch Liebe, Erleichterung und Hilfe, hauptsächlich auf der psychischen Ebene.

Eure verwandtschaftliche Familie im Licht schenkt euch großen Schutz und fädelt Situationen in eurem Leben ein, die ihr für eine vorteilhafte Entwicklung eures irdischen Lebens braucht. Sie hilft dabei, Situationen in eurem Leben zu ermöglichen, die sonst nicht verwirklicht werden könnten, weil euch die dunklen Mächte oder dunkle Menschen vom Weg abgebracht haben.

Eure kosmische Familie, die sich auf einem anderen Planeten befindet und gleichzeitig in einer bewusstseinsmäßig, zeitlich und dimensional anderen Zone, verbindet euch mit den umgebenden Welten und Dimensionen. Sie hilft dabei, euch mit der Engelwelt und der Welt der verwandtschaftlichen Familie im Licht zu verbinden. Sie hilft euch, Belastungen zu bewältigen, die ihr auf diesem Planeten in dieser Dimension und in diesem Raum eures Seins meistern müsst. Sie hilft euch fortwährend, euer spirituelles Bewusstsein zu erhöhen und mögliche Gefahren zu erkennen.

Ihr fragt euch jetzt vielleicht: Was aber haben all diese Gemeinschaften gemeinsam? Es ist die Liebe zu euch und ihre immerwährende Hilfe und Verbundenheit. All diese Wesen, sei es physischen oder ätherischen Ursprungs, verbinden euch durch ihre Liebe zu euch mit der Liebe Gottes. So erleichtern sie euch das Leben auf eurem Planeten.

Ihre Hilfe ist unerschöpflich und unendlich. Egal, an wen ihr euch wendet, eure Bitten werden erhört. Die Lichtwelt und die Welt eurer kosmischen Familien sind absolut an die Liebe und Kraft Gottes angebunden. Habt keine Angst, eure Bitten und Wünsche zu äußern. Ihr braucht auch nicht das Gefühl zu haben, dass eure Bitten zu häufig erfolgen. Der Lichtwelt ist es eine Freude, euch zu helfen.

Alle Lichtwesen, egal ob ätherisch oder in einem physischen Körper, erfüllen ausnahmslos eine große Aufgabe – und die besteht darin, Wesen zu helfen, *allen* Wesen, die Hilfe brauchen. Sie haben Gott ein lichtvolles Versprechen gegeben, das sie sehr glücklich macht. Sie begleiten ein Individuum so lange, bis sie sehen, dass es stabil und auf allen Ebenen durchleuchtet ist oder bis es der Hilfe nicht mehr bedarf und selbst nicht mehr um weitere Hilfe bittet. Jedes Lichtwesen ist mit der Liebe und dem Licht Gottes verbunden und gibt diese wunderschöne Eigenschaft weiter.

Irgendwann werdet sicherlich auch ihr, als Wesen, die ausreichend durchleuchtet und mit Gott verbunden sein werden, gerne anderen helfen, die eure Hilfe brauchen.

Für eure Entwicklung in dieser Inkarnation auf diesem Planeten habt ihr eine unerschöpfliche Anzahl an Helfern erhalten. Das ist ein großes Privileg dieser Zeit. Wie ihr seht, ist es der göttlichen Intelligenz sehr wichtig, euch so schnell wie möglich weiterzuhelfen.

Doch wird euch nur die Entwicklung zuteil, die ihr auch zu schultern imstande seid. Ihr erhaltet gerade so viele Informationen, wie ihr ertragen könnt. Euer Geist muss Hand in Hand mit eurem Körper gehen, der sich durch diesen Raum bewegt, das solltet ihr nicht vergessen. Euer Körper muss sich schrittweise auf die Bewusstseinsentwicklung vorbereiten, da sich die Materie des Zellbewusstseins dabei umprogrammiert.

Die göttliche Intelligenz ist allwissend, und ihr Plan ist genau durchdacht. Bis ins letzte Detail. Deshalb habt ihr manchmal vielleicht das Gefühl, dass eure Bitten nicht erhört wurden. Viele von euch hören aus diesem Grund auf, sich an die Lichtwelt zu wenden, und fühlen sich in einer bestimmten Situation im Stich gelassen.

Das Gegenteil ist der Fall. Die Lichtwesen erhören eure Bitten, Wünsche und Gebete *immer*. Es kommt aber darauf an, ob die Situation oder der Wunsch für eure Lebenslinie auch geeignet ist und in euren Lebensplan passt.

Wenn ihr eine bestimmte Situation für euer irdisches Leben eingeplant und noch vor Herabkommen auf die Erde bezeugt habt, dass ihr durch diese Situation geht, *müssen* die Lichtwesen eure Wünsche akzeptieren.

Momentan kommt es allerdings sehr oft zu einer berichtigenden und besseren Lösung der Situation. Da ihr euch in der fünften Bewusstseinsdimension befindet, ist durch die göttliche Intelligenz ein schnellerer Prozess für eure Entwicklung auf der Erde eingeplant. Wenn ihr euch jetzt und in diesem Raum dazu entscheidet – von ganzem Herzen und mit der Kraft eurer Lichtwesen –, könnt ihr eure Lebenslinie zu einem einfacheren und harmonischeren Verlauf bringen.

Ihr könnt sie verändern – hier und jetzt.

Es kann euch zum Beispiel passieren, dass eine Situation, die eigentlich einen schwierigeren Verlauf nehmen sollte, damit ihr sie karmisch wiedergutmacht, auf leichte und nicht so dramatische Weise verläuft, einzig aus dem Grund, weil die Lichtwelt sieht, dass eure Seele sich in vollen Zügen bewusstseinsmäßig und spirituell entwickelt und die Lichtwelt die Seele in ihrer Entwicklung nicht aufhalten will.

In eurer jetzigen Zeit werden jedoch alle Individuen benötigt, die Licht, Liebe und Hilfe auf eurer Erde verbreiten können. Sie werden benötigt, um Licht, Liebe und Hilfe so weitreichend und rasch wie möglich zu verbreiten.

Beschließt nun selbst einmal jeder für sich, dass euer nachfolgendes Leben harmonischer verlaufen wird, als ihr es bisher möglicherweise geplant habt.

Eure Seele wird alle Lebensprüfungen registrieren. Es wird ihr aber auch der beste Weg aus dieser Situation heraus gezeigt, und es wird ihr geholfen, auf leichtere Art und Weise durch das irdische Leben zu gehen.

Diese einzigartige Gelegenheit erhaltet ihr in dieser Inkarnation als ein großes Geschenk. Vor dem Jahr 2012 war dies überhaupt nicht möglich, es war durch die göttliche Intelligenz nicht zugelassen. Seitdem schon.

Eure kosmische Familie kann euch beibringen, die Signale und Impulse der kosmischen Energie so gut wie möglich zu empfangen, um so harmonisch wie möglich durch diese irdische Zeit gehen zu können. Dank eurer kosmischen Familie lernt ihr, intuitiver zu sein. Ihr lernt, euch besser an sie und ihre Ratschläge anzubinden.

Eure kosmische Familie will euch während dieser Inkarnation unterstützen. Sie will euch helfen.

Die meisten von euch ahnen in der Tiefe ihrer Seele, dass der Planet Erde zwar einen Platz für die Inkarnation bietet, aber nicht ihr wahrer Heimatplanet ist. Viele von euch ahnen innerlich, dass die kosmische Familie, aus der ihr kommt, zwar mit euch in Verbindung steht, es für euch im menschlichen Körper aber beschwerlich ist, euch mit ihr zu verbinden. Viele von euch fühlen sich von ihr abgetrennt.

Mit der folgenden Übung möchten wir euch helfen, euch an eure kosmische Familie zu erinnern. Wir möchten euch während dieser Übung visuell zu eurer Familie führen und euch ihre Empfindungen fühlen lassen. Wir möchten, dass ihr durch diese Anbindung lernt, Signale und Informationen von ihr zu erhalten und eure Intuition zu entwickeln.

Übung

Es ist egal, ob du dich in einem geschlossenen Raum oder draußen im Freien befindest. Wichtig ist, dass du fernab von Strahlungen jeglicher elektrischer und elektronischer Art bist. Falls du dich im Freien aufhältst und dort irgendwo sitzt, kontrolliere, ob sich in deiner Nähe vielleicht Strommasten oder Trafos befinden. Versuche, dich aller störenden Einflüsse zu entledigen.

Setze dich in Ruhe hin und visualisiere, dass du von einem Kreis umgeben bist. Durch den Kreis vereinen sich deine Gedanken und Emotionen, und die gesamte Energie wird nicht so sehr in alle Richtungen zerstreut, sondern konzentrierter sein.

Deine Energie in deinem Kreis ist konzentriert und frequenzmäßig stark. Stelle dir vor, dass du dich in einer

Lichtsäule innerhalb dieses Kreises befindest und ihre Kontur dich absolut schützt.

Diese Lichtsäule wächst nach oben Richtung Himmel.

Sie steigt höher und höher, bis sie in kosmische Höhen gelangt. Wenn diese Säule im Zentrum der Galaxis angekommen ist, beginnt sie sich zu öffnen und bildet einen imaginären Trichter.

Deine Energie, deine Gedanken und deine Emotionen haben sich nun mit dem Zentrum der Galaxis vereint.

Der lichtvolle Trichter dehnt sich in die Breite aus und verbindet sich mit allen Elementen der kosmischen Energie deiner Galaxis.

Binde dich jetzt gedanklich an deine kosmische Familie an. Es ist nicht von Belang, auf welchem Planeten sich deine Familie befindet. Die Energie deines lichtvollen Trichters verbindet dich mit der Energie und Frequenz deiner kosmischen Familie.

Konzentriere dich auf deinen Wunsch, dich mit deiner kosmischen Familie zu verbinden. Bitte deine Familie, dich mit ihrer Liebe, Energie und Zuneigung zu dir zu verbinden. Bitte sie, dir visuell Details zu zeigen, die du von ihr benötigst oder wissen möchtest.

Bitte die Mitglieder deiner Familie, dass sie es dir ermöglichen, dich mit ihnen zu treffen.

Bitte um eine Verbindung eurer Herzen.

Wir unterstützen dich nun bei diesem Prozess. Wir verstärken deine Wahrnehmung und die Empfindungen bei der Verbindung mit deiner Familie.

Lasse alles so lange wirken, wir du es brauchst.

Dein Herz strahlt in Regenbogenfarben und verbindet dich mit der Frequenz deines Heimatplaneten. Vielleicht hörst du den Namen deines Planeten und kannst erkennen, wie dein Planet aussieht.

Du befindest dich im Geiste und in deinem Herzen auf deinem Heimatplaneten.

Lasse dir so viel Zeit, wie du für die Anbindung an deine Familie brauchst ...

Nun ist es an der Zeit, zurückzukommen.

Lasse die Energie aus dem breiten Trichter sich in die Form der Lichtsäule zurückbilden.

Die Lichtsäule, die noch mit dem Zentrum deiner Galaxis verbunden ist, verkleinert sich in ihrer Höhe.

Sie wird immer kleiner und nähert sich deinem Körper. Jetzt ist die Lichtsäule nur noch wenig größer als dein Körper.

Kehre gedanklich und mit deinem Herzen in deinen Körper zurück. Du befindest dich wieder in deinem Kreis, und die Lichtsäule bleibt für deinen Schutz bestehen.

Sei dir vollkommen bewusst, dass du dich wieder in deinem Körper befindest.

Bedanke dich nun bei deiner kosmischen Familie für diesen ersten bewussten Kontakt. Bedanke dich für ihre Anwesenheit.

Beim nächsten bewussten Kontakt wirst du eine noch größere Verbindung zu ihr spüren, und du wirst noch besser mit ihr kommunizieren können.

Kehre vollkommen in deine Realität und in deinen Raum und deine Zeit zurück.

Wir gratulieren dir zu dieser wunderschönen Resonanz mit deiner Familie.

Zur Erleichterung der Kommunikation und Anbindung an deine kosmische Familie geben wir im Folgenden eine einfache Zahlenreihe an dich weiter:

5 steht für deine momentane Bewusstseinsdimension.
Y steht für den Übergang in eine andere Dimension mit Hilfe des lichtvollen Trichters.
7 steht für die Anbindung an die 7. Bewusstseinsdimension deiner kosmischen Familie.

Diese Zahlenreihe kannst du während der Anbindung an deine Familie anwenden. Du kannst sie während der Übung visualisieren oder auf einen Zettel schreiben und symbolisch vor dich hinlegen. Du kannst sie aber auch laut aussprechen. Durch die Kraft der Stimme verstärkt sich deine Frequenz und deine Anbindung noch.

Wir wünschen dir viel Erfolg!

7755

14

Kosmische Liebe

Dieses Kapitel hat das oberste Mitglied des Lichtrats diktiert – so wurde es mir mitgeteilt.

Die Durchleuchtung eures Körpers und Geistes wird euch Erleichterung auf allen Ebenen bringen. Uralte Gedankenmuster lösen sich im Licht auf, da ihr in euch und um euch herum so viel Licht tragt, dass ihr durch eure Anwesenheit die Räume erhellt. Euer Energiefeld, die Aura, vergrößert sich und wird stärker. Eure Anbindung an die Lichtwelt und an eure Familie im Licht hat sich intensiviert. Ihr erhaltet Frequenzen und Energien, die seit der Zeit von Atlantis keinen Zugang zum Planeten Erde mehr gefunden haben.

Eure Verbindung verstärkt sich immerzu. Eure Seele dehnt sich über die Grenzen eures Körpers aus und sammelt für ihr Wachstum notwendige Informationen an.

Aus unserer Perspektive sehen wir euch wie wunderschöne erleuchtete Kugeln. Mit eurem Licht zieht ihr weitere schöne menschliche, durchleuchtete Wesen an, und ihr fühlt euch in ihrer Nähe sehr gut und harmonisch. Nach dem Treffen oder im Beisein eines solchen durchleuchteten Menschen verstärkt sich euer gemeinsames Licht und beginnt, in einer höheren Lichtfrequenz zu schwingen. Das hat zur Folge, dass ein solches Licht Signale in die Umgebung aussendet und automatisch gleich oder ähnlich denkende Individuen anzieht. Dieses Licht vervielfacht sich und dehnt sich in alle Richtungen und Räume aus. Es durchleuchtet nicht nur eure Räume, sondern auch eure Dimensionen und Zeiten. Durch die Dimensionen und Zeiten bewegt ihr euch bewusst in allen Ebenen eures Lebens fort. Ihr habt die Möglichkeit, zusammen mit euren durchleuchteten Kollegen verstärkt eure Dimensionen, die ihr noch zur Reinigung braucht, zu durchstrahlen.

Im Kollektiv gelingt es euch hellen Individuen, eure Reste an Negativität mit größerer Geschwindigkeit zu durchleuchten. Es geht einfach schneller. In einer Gruppe erleuchteter Menschen erhaltet ihr häufiger Impulse, die ihr gerade für euer spirituelles Wachstum benötigt.

Das liegt daran, dass durchleuchtete Individuen stärker an den Informationsfluss der göttlichen Intelligenz angebunden sind. Er gleicht einem großen goldenen Fluss, der zu jedem von euch strömt, je nachdem, wie rein euer Herz ist, denn ihr müsst auch in der Lage sein, die göttlichen Informationen zu empfangen. Der Informationsfluss ist goldfarben und funkelt fabelhaft und majestätisch. Er ähnelt einem riesigen Fluss, der immerzu in Bewegung ist und jeden in seinem Strom baden lässt, der mit ihm in Kontakt treten möchte.

Eure gesamte Frequenz und euer gesamtes Licht werden strahlender und stabiler. Wenn wir den Zustand eures Lichts vor dem Jahr 2012 mit dem jetzigen vergleichen, sind wir sehr erfreut darüber, dass sich euer Strahlen so sehr verstärkt hat. Spirituelle menschliche Wesen, die vor dem Jahr 2012 auf dem Planeten Erde gewandelt sind, haben eine kleine Flamme des Lichts in sich getragen. Es ist ihnen gelungen – und sicher ist es auch euch gelungen –, diese Flamme in euch zu bewahren. Es ist euch gelungen, sie zu bewahren und durch verschiedene Prozesse auflodern zu lassen.

Wenn wir nun diese spirituellen Individuen beobachten, können wir wirklich sagen, dass die Lichtflamme immer größer wird und nicht etwa erlischt. Das ist für uns und für die göttliche Intelligenz das größte Geschenk! Euch zu sehen, wie euer Licht lodert und nicht etwa erlischt, so wie es in früheren Zeiten geschah.

Natürlich gibt es Tage, an denen ihr das Gefühl habt, dass ihr erschöpft seid. Vielleicht habt ihr Probleme oder Sorgen, aber glaubt daran, dass euch euer Licht niemand mehr wegnehmen kann – so wenig wie die Informationen, die ihr in letzter Zeit angesammelt habt.

Euer Licht wird augenblicklich mächtiger, sobald ihr inneren Frieden erreicht, was der Fall ist, sobald euer Problem oder eure Sorge sich gelöst hat. Ihr fallt nicht mehr in einen so tiefen »Abgrund« wie früher, aus dem ihr wieder und wieder an die Oberfläche »kriechen« musstet.

Eure Zellen haben sich auf das Licht eingestellt und es registriert, und es ist immer einfacher für sie geworden, sich an das Licht der Zentralsonne anzubinden.

Sicher haben viele von euch bereits festgestellt, dass ihr jetzt früher und schneller aus einer schlechten Situation herauskommen könnt, weil das Negative nicht mehr das Hauptelement eures Systems ist, wie es früher leider war. Die dunklen Mächte haben viele Katastrophen auf diesem Planeten verursacht, aber jetzt wendet sich alles zum Guten.

Auch die Informationen, die ihr bislang gesammelt habt und für euer Wachstum notwendig sind, haben sich geradezu in euer System eingeprägt und es kodiert. Ihr müsst nicht mehr befürchten, dass ihr sie beim Übergang in die Lichtwelt und der folgenden Inkarnation auf diesen Planeten verliert. Eure helle Materie, das Licht der Seele und euer helleres Licht erlauben nicht mehr, dass irgendwelche dunklen Mächte euch die Informationen wegnehmen. Ganz gleich, auf welchem Bewusstseinsstand ihr den Planeten auch verlasst, ihr könnt damit rechnen, dass ihr mit dieser inkarniert und in der nächsten Inkarnation diese Informationen auch nutzen könnt. Ihr werdet nicht mehr so lange brauchen, um euch an diese Informationen zu erinnern, wie es bislang der Fall war.

Ihr werdet euer Licht wie ein Geschenk in Händen halten und es nicht mehr loslassen wollen und können, weil das Licht mit euch verbunden ist.

Die spirituelle Entwicklung eurer menschlichen Gemeinschaft nach dem Jahr 2012 stellt bisher den mächtigsten und schnellsten energetischen Prozess seit der Zeit von Atlantis dar. Vor 2012 war es euch nicht möglich, so schnell an euch zu arbeiten, weil der Erde bestimmte Frequenzen fehlten – vor allem fehlte ihr die kosmische Christusenergie.

Die Liebe und Freude des Universums! Die bedingungslose Liebe und bedingungslose Freude des Kosmos, die mit sehr großer Geschwindigkeit zu euch strömen. Jeder, der sie empfangen möchte, hat diese Möglichkeit. Jeder, der Negativitäten entfernt hat, hat die Möglichkeit, die verstärkte Liebe des Universums zu spüren!

Jeder, der an sich arbeitet, und sei es nur gedanklich, erzeugt einen Raum und Zugang zu seinem Herzen und seiner Seele für die kosmische, liebende Christusenergie. Jeder hat die gleiche Möglichkeit bekommen, und jeder kann sie nutzen.

Liebe, Freude, Glück und Harmonie gehören zu euren ursprünglichen, reinsten Bedürfnissen. Alles kehrt wieder zu euch zurück in Form dieser wunderschönen Energie.

Sie kehrt zu euch zurück, und ihr habt die Möglichkeit, sie zu empfangen, sich mit ihr zu verbinden und in dieser Frequenz zu bleiben.

Lasst euch nicht durch Alltagsorgen oder Allerweltsprobleme ausbremsen, eure Gedanken verbinden euch durch eure Herzenskraft mit dieser Energie.

Programmiert euch auf das Positive um und gebt Negativitäten keinen Raum in eurem Leben. Ihr werdet sehen, dass mehr und mehr Positives zu euch gelangt und ihr aus komplizierten Situationen in einem kürzeren Zeitabschnitt herauskommt, als es früher der Fall war.

Programmiert euch auf das Positive um und verändert die schweren Lebenslinien, in denen ihr euch möglicherweise befindet. Wir können euch versichern, dass ihr durch die Manifestation eurer Gedanken dazu wirklich bereits in der Lage seid. Probiert es aus!

Wir bringen Liebe und Freude. Unsere gemeinsamen Kontakte bringen euch Liebe und Freude. Es ist sehr eindrucksvoll für uns zu sehen, wie ihr energetisch mit uns arbeitet und unsere Verbundenheit mit euch spürt. Es ist ergreifend für uns zu sehen, wie viele Menschen bei ihrer Energiearbeit oder bei ihrer Anbindung an das Universum die riesige Kraft und Liebe der göttlichen Intelligenz fühlen.

Eure Wahrnehmung wird immer feiner und genauer, und es bereitet uns unglaubliche Freude, mit euch zu arbeiten. Sobald eure Seele in einen meditativen Zustand geht oder sich konzentriert, haben wir eine sehr gute Möglichkeit, uns euch anzunähern. Wenn ihr euch in einem Zustand und einer Frequenz der Freude, des Glücks und der Liebe befindet, haben wir gleichfalls die Möglichkeit, erfolgreich mit euch zu arbeiten.

Liebe verbindet uns alle. Mit Liebe haben wir unsere Existenz aufgeladen, und mit Liebe gehen wir auch in die Dimension der Ewigkeit, wo sich nichts als Liebe befindet.

Einzig unendliche Liebe.

Die Engelwelt ist das geeignetste Bindeglied zwischen euch und der Liebe Gottes. Wenn ihr das Gefühl habt, dass eure

Liebe erlischt und ihr euch nicht selbst helfen könnt, wendet euch an die Engelwelt und bittet um Hilfe.

Eine riesige Menge an Engelwesen ist auf euren Planeten herabgestiegen, damit sie euch die Liebe Gottes bringen und helfen, euch in der Liebe zu halten. Die göttliche Intelligenz hat sie gesandt. Sie sollen euch helfen, in der Liebe zu bleiben, weil sich die Prozesse auf dem Planeten Erde gerade überschlagen und es erforderlich ist, in der Liebe zu bleiben und in Liebe zu handeln. Sie helfen, damit eure Herzen offen bleiben und ihr euch mit der Liebe der Christusenergie verbindet.

Sie halten sich in eurer Nähe auf und halten euer Herzorgan für den ununterbrochenen Empfang dieser Energie mit ihrer Liebe und feinstofflichen Energie offen.

Es ist rührend zu sehen, wie euch die Engelwesen helfen, wie sie euch mit Liebe helfen.

Sie helfen, obwohl viele menschliche Wesen nichts von ihnen wissen, und dennoch sind sie fortwährend tätig.

Menschen zu helfen ist ihre göttliche Aufgabe, und sie führen diese Aufgabe aus, ohne Dank dafür zu erwarten.

Die Mehrheit dieser Engelwesen ist an die rosa-goldene Farbe des Universums angebunden, die Farbe der Liebe und Freude. Sie haben eine schillernde, liebliche Aura um euch herum gelegt, und wenn sie sich in eurer Nähe bewegen, seid ihr mit der Liebe des Universums noch stärker verbunden.

Diese wunderbaren Engelhelfer sind für euch da und bringen euch Liebe, Freude, Erleichterung und Durchhaltevermögen. Seid ihnen dafür bitte dankbar.

Fühlt in euren freien Momenten ihre Anwesenheit und bedankt euch bei ihnen für ihre Liebe. Sie sind Helfer Gottes und in ihrer Reinheit direkt mit Gott verbunden.

Das kosmische Geschehen auf eurem Planeten bewegt sich spriralförmig nach oben zu höheren Frequenzen. Alte Angelegenheiten und Programme, die noch gereinigt werden müssen, sind momentan stärker an der Oberfläche anzutreffen, sie sind direkt sichtbar und greifbar. Schreckt bitte nicht vor ihnen zurück und überwindet diese Zeit mit Liebe im Herzen.

Liebe ist mit euch!

Der gegenwärtige Augenblick

Die kosmische Liebe verbindet uns alle, und sie ist am schönsten, wenn Wesen gleich welcher Entwicklungsstufe oder Form diese Liebe wahrnehmen und empfangen können.

Vor allem eure Kinder, die Kosmischen Kinder, die es schon auf dem Planeten gibt und die sich gerade auf die Inkarnation vorbereiten … Sie können diese Liebe, die Christusliebe, in vollem Umfang wahrnehmen. Sie haben sich lange vorbereitet, und jetzt endlich können sie mit ihrer positiven Absicht die Liebe empfangen und Liebe weitergeben.

Sie kamen oder kommen zum ersten Mal auf die Erde herab. Sie waren vorher noch nicht dort, und es kostet sie viel Mut, diese Inkarnation zu durchleben.

Die Mütter dieser Kinder werden durch die Lichtwelt auf das Herabkommen des Kindes mit kosmischer Seele vorbereitet. Dazu müssen viele Mütter zunächst ihre karmischen Angelegenheiten ablegen, weil Kosmische Kinder in gereinigte und frequenzmäßig angehobene Familien kommen. Die Seele des Kosmischen Kindes bringt so viel Licht und Liebe mit, dass die Mitglieder der Kosmischen Familie des Kindes die Mütter erst energetisch reinigen, damit diese überhaupt in der Lage ist, eine so hoch entwickelte und lichtvolle Seele zu halten.

Vielleicht gibt es in eurem Umfeld Familien, die sich Nachwuchs wünschen, aber viele energetische Reinigungen, Transformationsprozesse und verschiedenste Lebensprüfungen erleben. Das ist deshalb so, damit das Kind dieser Familie in Ruhe geboren werden kann und nicht unterschiedlichste Prüfungen verarbeiten muss, die die Familie karmisch in ihr Leben eingebracht hat. Die Aufgabe dieser Kinder besteht drin, die Liebe und das Licht des Universums zu verbreiten und im Erwachsenenalter zur Rettung verschiedener Bereiche des Planeten beizutragen, egal auf welche Art und Weise.

Über diese hoch entwickelten Kosmischen Kinder weiß man bisher nur wenig, es ist eine aktuelle Information, die wir zuerst im Jahr 2016 übermittelt haben.[3]

Unsere neuen und aktuellen Informationen bringen Erleichterung und neue Hoffnung für die Zukunft. Das Goldene Zeitalter, auf das viele Bewohner eures Planeten warten, nähert sich unaufhaltsam. Jetzt geht es darum, mit möglichst viel Liebe und Licht im Herzen durch diese Zeit zu gehen.

Liebe und Licht sind das einzige »Werkzeug«, das euch für diese Inkarnation zur Verfügung gestellt wurde. Das einzige, aber gleichzeitig auch das machtvollste.

Liebe und Licht bringen Freude und Glück – und ihr könnt sie schon in diesem Augenblick erleben. Verändert eure Realität zum Besten und wartet nicht, bis eure ersehnte Zukunft eintritt. Das menschliche Wesen, eingesperrt im Raum der Zeit, hält zu sehr an Augenblicken der Zukunft und Vergangenheit fest und vergisst, in der Gegenwart zu leben. Dabei gibt euch der gegenwärtige Augenblick unglaubliche Kraft für weitere Schritte in eurem Leben, wenn ihr denn eure gegenwärtige Zeit voll erlebt und wahrnehmt.

---

[3] Von den Kosmischen Kindern wurde bereits in Band 2 der *Lichtbotschaften von den Plejaden* geschrieben.

Sobald ihr euch *dieser* Tatsache bewusst werdet, werden euch noch viele weitere Dinge bewusst.

Mit eurer positiven Präsenz im Jetzt *programmiert* ihr eure positive Zukunft. Ihr programmiert dann nicht nur eure ferne Zukunft, sondern auch die nächste Sekunde, die nächste Minute, die nächste Stunde, den nächsten Tag und immer so weiter – das nächste noch so kleine Quäntchen..

Wenn ihr lernt, in eurem Körper zu »ruhen« und in die Stille zu kommen, beruhigt ihr euren Geist. Ihr hört auf, euch mit Gedanken über die Zukunft oder Vergangenheit zu beschäftigen. Eure Energie und eure Kraft konzentrieren sich in der Mitte eures Körpers. Sie konzentrieren sich im *Herzen*, durchdringen eure *Seele*, und euer *Geist* erhält fortwährend Impulse der Ruhe und Harmonie. Dann seid ihr der Manifestation eurer Angelegenheiten einen Schritt näher.

Es ist sozusagen eine Meditation.

Aber den gegenwärtigen Augenblick zu erleben ist auch im Alltagsleben notwendig.

Die konzentrierte Energie, die sich über den gegenwärtigen Augenblick mit euch verbunden hat, schenkt euch in jeder Hinsicht Kraft und Energie. Sie öffnet mit ihrer Kraft Räume und Dimensionen, die für die Umprogrammierung bestimmter Teile eurer Zukunft notwendig sind, denn ihr sollt wissen: Eure Zukunft läuft nicht auf einer Geraden ab, wie ihr euch das vorstellt. Die Zukunft spielt sich, genau wie eure Vergangenheit, in eurer körperlichen Nähe ab und ist mit euch verbunden. Sie ist mit *verschiedensten* Dimensionen verbunden, die ihr durchlebt habt oder noch durchleben werdet.

Man könnte von Ebenen sprechen, die sich öffnen, sich bewegen und in der Lage sind, ihre Position und Form zu ändern, sobald ihr sie umprogrammiert. Diese Dimensionen und Zwischendimensionen geben ständig Visionen und Vorstellungen frei, die sich sogleich an euch anbinden können, wenn ihr nicht in eurer Mitte seid.

Viele von euch haben Visionen, schlechte Träume, haben Angst vor der Zukunft. Es kann sein, dass eure Seele keine »Zeit« gehabt hat, im gegenwärtigen Augenblick zu leben, sie ist nicht im Körper konzentriert, eure eigene Energie nicht in eurer Mitte gesammelt. Dadurch haben sich die Dimensionen und Räume aufgelockert und euch ist es mit euren Sinnen gelungen, Bilder zu empfangen, die eventuell gar nicht für euch »gedacht« sind, die überhaupt nicht zu euch »gehören«. Eure Gedanken haben sich auf diese »fehlerhaften« Programme fokussiert und eine neue Realität erschaffen.

In jeder eurer Lebenslinien (auch wenn man sie eigentlich nicht als Linien bezeichnen kann) existiert eine unzählige Menge an Programmen, Bildern, die sich außerhalb eurer Realität befinden. Ihr seid mit eurer und der Kraft des gegenwärtigen Augenblicks mächtiger und positiver als diese Programme und habt die Möglichkeit, euch auf das Positive umzuprogrammieren und negative Programme und Visionen nicht zu empfangen. Das bedeutet ...

Ihr alle, die ihr euch in der fünften Bewusstseinsdimension befindet, habt die Möglichkeit, euch so zu programmieren, wie ihr es wollt, und müsst verschiedene Programme, die ihr nicht wollt, auch nicht in eure Realität lassen.

In der Zeit nach 2012 ist es möglich, aus eigener Kraft die »Schicksalslinie« umzuprogrammieren. Ihr seid keine hilflosen Wesen mehr, die sich nicht wehren können und ihr Schicksal so hinnehmen müssen, wie es euch auferlegt wurde. Aber die momentane planetare Situation erfordert eine schnelle Wiedergutmachung, und es ist nicht mehr möglich, Zeit zu vergeuden und euch menschliche Wesen bis ins Unendliche karmische und belastende Programme verarbeiten zu lassen. Wer von euch sich *jetzt* entscheidet, ein für alle Mal die negative Vergangenheit hinter sich zu lassen, dem wird geholfen.

Eure dimensionalen Räume werden neu ausgerichtet, negative Programme abgetrennt, und ihr könnt euch über den Augenblick der Gegenwart freuen. Konzentriert eure Energie auf das »Jetzt und in diesem Raum«. Dort verbirgt sich eure Kraft.

Wenn ihr euch gedanklich zum Beispiel in der rosafarbenen Energie befindet, wird eure Zukunft rosig sein. Eure Sinne sind bereits so stark, eure Zukunft umzuprogrammieren, egal ob die nahe oder ferne Zukunft.

Alle habt ihr ein morphogenetisches Feld um euch herum, ein Bewusstseinsfeld, ein von euch selbst oder anderen Wesen erschaffenes Feld.

Morphogenetische Felder werden auch von Tieren erzeugt, sie binden sich daran an und handeln instinktiv danach. Sie wissen so, wann sie in warme Gebiete fliegen sollen. Sie wissen, wann ein harter und langer Winter kommt. Sie wissen, wer ihr Feind ist, und sie wissen, was gut für ihren Körper und ihre Gesundheit ist. Sie handeln zwar intuitiv, aber ihr Geist ist unablässig mit diesen Bewusstseinsfeldern verbunden.

In diesen morphogenetischen Feldern sind alle Erfahrungen verzeichnet, auch eure eigenen.

Sie befinden sich in eurer körperlichen Nähe. Sie haben eine höhere Dichte zwischen den Dimensionen und Räumen eurer Realität, aber ihr habt jederzeit Zugang zu ihnen. Sie sind direkt mit den Nullpunktfeldern verbunden – und diese Nullpunktfelder können absolut alle Informationen freigeben, die ihr braucht, wenn ihr selbst im Nullzustand seid. *Das heißt, im Zustand der Präsenz im jetzigen Augenblick.* Es genügt ein winziger Bruchteil der Zeit, in der euer Geist mit diesem Feld während eurer Konzentration verbunden ist, und schon öffnen sich Dimensionen, Räume und Zeiten.

In den morphogenetischen Feldern sind alle Informationen und alle euren Lebensweg betreffenden zweidimensionalen Bilder enthalten, alle Ebenen eures Seins. Das bietet unendliche Möglichkeiten und unendlich viele Lösungswege.

Diese Felder sind ganz unterschiedlich miteinander verbunden und die verschiedenen Ebenen wiederum durch weitere Verbindungen an andere morphogenetische Felder angedockt. Es ist also alles miteinander vernetzt, und damit ist auch alles möglich. *Ihr habt die freie Wahl!*

Die kosmische Welt kennt keine Begrenzungen. Dank der morphogenetischen Felder könnt ihr euch mit allen Informationen verbinden, die für euch notwendig sind. Das Nullpunktfeld dient euch als Bindeglied.

Setzt einfach die Kraft des Geistes ein und die Kraft der Seele und des Herzens. Das reicht schon ...

Das Nullpunktfeld wird deshalb so genannt, weil es nichts enthält, es ist leer, ein Vakuum, einfach nichts. Dieses Nichts beherbergt aber unendliche Möglichkeiten, da die Existenz des Nullpunktfeldes der Ursprung allen Geschehens im Universum ist. Es verbindet alles miteinander, und es verbindet uns alle. Unsere und eure Körper beinhalten Elemente des Vakuums, und diese neutralen Räume lassen Geschehnisse im Körper und außerhalb des Körpers eintreten.

Das Nullpunktfeld könnte man in eurer Sprache mit einer Null beschreiben – der Ziffer 0. Dieses Zeichen erinnert an einen Kreis und steht damit für den Anbeginn von allem.

Der Kreis, von dem bereits mehrmals die Rede war.

Ein niemals endender Kreis, der ganz ist und heil und durch dessen Zentrum verschiedenste Energien gehen können. Im Grunde ist dies ein Durchgang ins Unendliche.

In den Übungen des ersten Buches haben wir euch bereits mit der ursprünglichen Signatur des Universums verbunden – das war ein solcher Kreis. Wir haben eure persönliche Signatur durch Kreise ausgerichtet, und dadurch haben wir Energie in eurem Kreis und in eurem Raum gesammelt. Die Kreise haben euch an die Unendlichkeit des Universums angebunden. Wir haben versucht, euch auf diese Weise mit dem Nullpunktfeld zu verbinden, aus dem ihr unendliche Möglichkeiten schöpfen könnt, *wenn ihr in eurer konzentrierten Energie bleibt.*

Miteinander verbunden bieten euch das Nullpunktfeld und das morphogenetische Feld unendliche Möglichkeiten. Bindet ihr euch beispielsweise mit eurem Geist, eurer Seele und eurem Herzen an das Wissen von Albert Einstein an, könnt ihr es erhalten, weil dieser Wissenschaftler um sich herum unwillkürlich ein morphogenetisches Feld erschuf, das sich mit dem Nullpunktfeld und anderem Wissen seiner Fachbereiche vermischt hat. Es werden dann Informationen aus diesem Raum für euch freigegeben, genau solche, die ihr braucht, sofern ihr in positiver Absicht für euch oder für andere handelt. Euch werden alle Informationen übergeben, die euer Geist fähig ist aufzunehmen.

Auch ihr erzeugt eure morphogenetischen Informationsfelder, und alles, was euer Geist hervorbringt, bleibt als energetischer Abdruck im Raum des Planeten Erde erhalten, aber nicht nur das – gleichzeitig prägen sich diese Informationsfelder im Raum des Universums ein.

Deshalb ist die Erzeugung positiver Gedanken und Visionen so wichtig. Dadurch bleiben nach eurem Fortgang in himmlische Sphären wunderschöne positive Wolken. Das ist euer Erbe – und nicht irgendwelche dunklen Verflechtungen, mit denen niemand etwas zu tun haben will.

Tragt mit eurem Denken zur Entwicklung von noch mehr Liebe, Licht und Positivem in unserem wundervollen gemeinsamen Universum bei!

16

Anbindung an euer Höheres Ich

Was könnt ihr euch unter diesem Thema vorstellen? Stellt euch vor, dass ihr immer nach eurer Intuition handelt, nach eurem Herzen und alles, wozu ihr euch entscheidet, richtig ist. Das würde bedeuten, dass ihr und euer Höheres Ich in absoluter Harmonie seid, und alles, was ihr macht, geschieht gemäß dem göttlichen und eurem optimalen Plan.

Das, was ihr erlebt, was um euch herum passiert, ist manchmal kompliziert und belastend. Aber das ist nur deshalb so, weil ihr den Kontakt zum Höheren Ich verloren habt.

Ihr habt das Gefühl, dass ihr euer Schicksal nicht beeinflussen könnt und dass viele Dinge, die euch passieren, ungerecht und unfair sind. Oft sagt ihr euch: Das kann nur mir passieren, so ein Pech habe nur ich, die anderen haben Glück, nur ich habe so ein Pech.

Ihr sollt wissen: Wenn ihr daran arbeitet, die Anbindung zum Höheren Ich zu erneuern, werdet ihr von oben geführt, und euch wird immer mehr gelingen.

Wie konntet ihr diese Führung verlieren? Als Baby wart ihr noch absolut an euer Höheres Ich angebunden. Ihr habt instinktiv gespürt, dass ein Teil eurer Seele und eures Bewusstseins noch in der geistigen Welt war. Bis zum ersten Lebensjahr wart ihr absolut geführt, und es konnte euch wenig aus dem Konzept und aus eurer Lebensentwicklung bringen. Die Umwelt und andere Personen konnten euch zwar positiv oder negativ beeinflussen, aber eure Intuition und die natürlichen Gesetze standen für euch an erster Stelle.

Im Laufe des ersten Lebensjahres habt ihr begonnen, schrittweise eure Fähigkeiten zu entwickeln. Euer Sprachzentrum hat sich entwickelt, und ihr habt allmählich die Sprache der Erwachsenen angenommen. Das war zwar ein absolut natürlicher Vorgang, aber er bedeutete auch, dass ihr euch auf die Frequenz der Erwachsenen einstellt – und was daran in DER HEUTIGEN ZEIT so schwer zu eurem Nachteil wiegt: Ihr habt dadurch begonnen, euch auf die Frequenz des *kollektiven Bewusstseins* einzustellen, das heutzutage sehr von dunklen Mächten geprägt ist und in dem Negatives das Positive überwiegt.

Bis zum ersten Jahr habt ihr euch also hauptsächlich gemäß eurer selbst und eurer Bedürfnisse und Intuition entwickelt und euch dann automatisch umorientiert und immer stärker Informationen aus der von Menschen geschaffenen Umgebung aufgenommen. Es musste innerlich viel verarbeitet werden, und so kam es bei euch – ein völlig normaler Vorgang, auch wenn das nicht für alle Kinder gilt – zu einem Ungleichgewicht zwischen Seele und Körper, und die ersten Krankheiten traten auf, beispielsweise Krankheiten der Atemwege, die fast immer ein Anzeichen für »dicke Luft« in der Familie sind.

Krankheiten im Kindesalter führen zu einer ersten Abtrennung vom Höheren Ich. Das Kind wächst heran, geht in den Kindergarten und in die Schule, muss dort oft große Hindernisse bewältigen. Mit jedem Problem, das sich ihm stellt, hat es stärker das Gefühl, dass es sich nur auf sich selbst verlassen kann – und so verliert es schließlich den Zugang zu seinem Höheren Ich. So ist es auch euch ergangen.

Dann kommen die Pubertät, die erste Liebe, vielleicht Unzufriedenheit mit sich selbst, die Ehe, möglicherweise eine misslungene, und immer mehr hat der Mensch das Gefühl, allein auf der Welt zu sein. Ihm wird überhaupt nicht bewusst, dass es »oben« einen anderen Teil seiner Seele gibt, von dem er sich abgetrennt hat.

Wenn ihr diese Zeilen mit Interesse lest und euch darin wiederfindet, habt ihr großes Glück, dass ihr euer Höheres Ich wieder aufsuchen und Kontakt zu ihm aufbauen könnt. Ihr werdet dadurch wieder mehr Intuition haben – und es wird euch immer mehr gelingen.

In der atlantischen Gemeinschaft war diese Verbindung zum Höheren Ich, diese Führung, noch selbstverständlich, und niemand konnte sich vorstellen, ohne eine solche Verbindung auch nur funktionieren, geschweige denn leben zu können. Das Höhere Ich begleitete das gesamte Leben. Jetzt, ohne diese Verbindung und ohne ein Wissen um Inkarnation, führen viele ein sehr dramatisches Leben, vor allem Menschen, die unter seelischen Krankheiten, Schlafstörungen und Defiziten in der Entwicklung leiden.

Die Anbindung kann absolut sein und die ganze Zeit, die ihr auf der Erde verbringt, andauern. Ihr solltet den Kontakt zu eurem Höheren daher regelmäßig pflegen. Das ist sehr wichtig für ein zufriedenes Leben.

Euer Höheres Ich hat nämlich eine Verbindung zur Höheren Intelligenz, zu Engeln und anderen Wesen, auch zu uns, den Plejadern. Es hat die Möglichkeit, sich mit heiligen Orten auf der ganzen Erdkugel zu verbinden und Energie aus ihnen zu schöpfen. Es kann sich mit anderen Planetensystemen verbinden und daraus Informationen gewinnen, die ihr braucht. Gleichzeitig bindet es sich an die Akasha-Chronik an.

Die ständige Anbindung eures Höheren Ichs an viele andere Systeme erfahrt ihr als Intuition oder Entscheidungskraft. Und ihr könnt euch jederzeit an euer Höheres Ich wenden. Euer Höheres Ich sichert euch Gesundheit auf allen Ebenen.

Ihr lebt in einer Zeit, in der ihr mühelos den Weg zum Höheren Ich zurückfinden könnt. Der Schlüssel zur Anbindung ist innere Ruhe, die Weite des Quantenraums, und wenn die Verbindung vollkommen ist, erfahrt ihr das Universum. Dann erfahrt ihr den Raum der Zeit und der Ewigkeit. Wie damals, als eure Seele sich auf die Inkarnation vorbereitet hat. Diese Verbindung war absolut. Absolut, ohne dass ihr euch dessen überhaupt bewusst wart. Eure Seele war ganz, und ihr habt euch im Nullpunktfeld bewegt.

Das Nullpunktfeld bedeutet ein Leben in den kosmischen Wellen ohne Raum und Zeit. Im JETZT. Das Wort »jetzt« ist entscheidend. Genau in diesem Augenblick.

Übung

Stelle dir deine Seele vor. Als Essenz. Ohne Körper oder andere irdische Lasten. Nur diese Essenz. Bei jedem kann sich eine andere Farbe zeigen, in der siebten Dimension ist die Farbe der Seele aber meistens Goldweiß.

Deine Seele strahlt in unglaublich starkem Licht, sie schimmert und dreht sich in einem Raum, in dem absolute Stille herrscht. Eine Stille, die du dir so vorstellen kannst, wie wenn du Kopfhörer tragen würdest, die jegliches Geräusch von außen abschirmen.

Du hörst nur dein Innerstes. Du hörst nur deine Gedanken. Dein physischer Körper existiert nicht.

Um deine strahlende kugelförmige Seele herum befindet sich ein Raum, der einzig mit bedingungsloser Liebe gefüllt ist. Diese Liebe ist so stark, dass du im Gefühl des Glücks aufgehst.

Du bist leicht und ohne jegliche Last.

Um dich herum befinden sich in diesem Raum noch andere Seelen, die sich langsam drehen, bewegen und strahlen. Von jeder Seele kommt bedingungslose Liebe und Freude zu dir.

Das ist ein Raum, in dem sich alle Höheren Ichs aller Seelen befinden, die gerade im Himmel sind.

Schaue unter dich, und du wirst von oben den Planeten Erde sehen. Auf ihm bewegen sich Menschen.

Einer dieser Menschen bist du.

Einer dieser Milliarden Menschen bist du.

Sende aus deiner UNENDLICH strahlenden Seele einen goldenen Strahl zu deiner Gestalt, deinem Körper. Du kannst den Lichtstrahl zwischen deinem physischen Körper und deiner Seele weit oben im Himmel spüren.

Fällt dir das schwer, stelle dir die Seele deines Höheren Ichs genau über deinem Kopf vor, und stelle dir vor, wie diese Seele deinen ganzen Körper durchdringt. Werde dir bewusst, dass dein Höheres Ich Raum und Zeit nicht kennt und dich jederzeit besuchen kann und in dem Augenblick, in dem du an deine Seele denkst, dich stärkt.

Wir haben davon gesprochen, dass euer Höheres Ich sich »oben« befindet, im Himmel, in der geistigen Welt. Die Wahrheit ist, dass es sich immer in eurer Nähe befindet, euch durchdringt und erfüllt, auch wenn die siebte Dimension für eure Vorstellung sehr weit weg ist. Ja, es ist tatsächlich eine Frage der Vorstellung, nicht des Raums.

Wir möchten euch jetzt beschreiben, wie euer Höheres Ich eigentlich aussieht und wie ihr Kontakt zu ihm aufnehmen könnt. Es ist ganz einfach.

Lasst euch entweder von ihm durchleuchten oder verbindet euch mit ihm. Im Raum der unendlichen und gleichzeitig augenblicklichen Verbindung ist es kein Problem, das zu tun. Es reicht die positive Absicht. Gegenwart, Vergangenheit und Zukunft durchziehen jeden Augenblick. Für euch ist das schwer zu begreifen, aber für euer Höheres Ich die jetzige Zeit wichtig. *Jetzt und sofort.*

Alle Zeitdimensionen sind in einer verbunden. Durch eure Anbindung könnt ihr eure vergangenen, gegenwärtigen und zukünftigen Leben heilen. Sie ist sozusagen ein Tor zu anderen Dimensionen. Diese Tore könnt ihr miteinander verbinden, genau so wie die Punkte an eurem Körper, über die ihr an alle zeitlichen Dimensionen angebunden seid.

Es ist egal, ob ihr die Gegenwart, Vergangenheit oder Zukunft heilt. Zeit und Raum sind eine Sache. Sie *sind* eins. Ihr müsst diese Tore in den Dimensionen miteinander verbinden, zusammenschließen. Die Verbindung muss hundertprozentig und für immer sein. So könnt ihr euch selbst besser in den Dimensionen der Welt und des Weltalls bewegen.

Für euch mag das noch schwer verständlich sein, aber das absolute Verständnis kommt mit der Zeit, wenn ihr wieder »nach oben« zurückkehrt. Das menschliche Gehirn kann so etwas nicht begreifen. Die Gehirnhälften sind nicht für das Begreifen eines Lebens in der universellen Intelligenz und im universellen Raum ausgelegt.

Ihr begreift alles erst in dem Augenblick, in dem sich die Seele nach dem Tod vom physischen Körper abtrennt und sofort in andere Dimensionen davonschwebt.

Eure Augen und euer Gehirn können nur irdische Dimensionen wahrnehmen. Euer Augenlicht sieht nicht andere Dimensionen, die neben und außerhalb von euch sind, auch wenn eure Welt tatsächlich aus unzähligen Dimensionen, parallelen Welten und Mustern neben, unter und über euch zusammengesetzt ist.

Könntet ihr mit dem menschlichen Sehvermögen alles erfassen, was sich um euch herum abspielt, wäre das unbegreiflich für euch, und ihr könntet es gedanklich nicht auseinander halten. Um euch herum bewegen sich eure verstorbenen Verwandten, Engel, andere Zivilisationen, die helfen, und eine unendliche Menge Lichtwesen.

Sie sind euch nahe – und doch so fern.

Dabei befinden sie sich nur in einer anderen Dimension, die ihr nicht seht. Der Raum spielt keine Rolle. Sie können überall hin und zu jeder Zeit.

Wichtige Übung

Bitte dein Höheres Ich darum, dass es deinen physischen Körper heilt. Verbinde dich mit ihm, genau wie in der vorherigen Übung.

Jetzt fahre mit der Hand in etwa zwanzig Zentimetern Abstand über deinen Körper. Punkte oder Stellen, die du an deinem physischen Körper als warm empfindest, ziehst du in einen anderen Zeitraum.

Das bedeutet, dass du sie mit Hilfe deines Höheren Ichs mit der eigenen Hand aufnimmst und herausziehst und dich dabei bemühst, sie so weit wie möglich von deinem physischen Körper entfernt zu halten. Dort hältst du sie so lange, bis du das Gefühl hast, dass du zum nächsten Punkt an deinem Körper weitergehen solltest.

> Nutze deine Matrix. Während des Herausziehens der Zeitpunkte fungierst du als ein Empfänger für die absolute und göttliche, reine Energie. Deine Verbindung ist dann, genau JETZT, vollkommen. Raum und Zeit spielen für deine Heilung keine Rolle mehr.
>
> Du heilst dich selbst und handelst nach deinem göttlichen Plan.

Das vorliegende und das nächste Kapitel sind besonders wichtig, versucht deshalb, alles zu verstehen. Es geht um eines der Hauptfundamente eures Lebens und eurer Gesundheit.

Indem ihr um euch herum die Matrix ausweitet – das Gitternetz aus Lichtfäden –, fügt ihr euch in das System der universellen Intelligenz ein. Raum und Zeit spielen dann keine Rolle mehr, sie fallen in eins. Ihr werdet dadurch an zahlreiche Dimensionen angebunden, die euch helfen, alle für euch geeigneten positiven Energien aufzunehmen.

Führt diese Übung mit den energetischen Punkten immer dann aus, wenn ihr den Eindruck habt, dass ihr euch von der Verbindung mit eurem Höheren Ich entfernt, von eurem Weg abkommt, wenn eine Krankheit im Anzug ist oder wenn ihr Schmerzen habt.

Wenn ihr eure Matrix stärkt, wird sich euer Befinden verbessern.

Eure Plejadenhelfer

Genialität der Heiltechnik mit den Punkten der Zeit

Die Technik, die wir gerade beschrieben haben, ist für eure menschliche Rasse überaus gut geeignet.

Es ist schon eine unglaubliche Menge an Techniken beschrieben worden, aber ihr sollt wissen: Diese selbstheilende Technik haben die Atlanter benutzt, und eure Zivilisation hat sie sich als universelles Heilmittel von ihrem ursprünglichen Planeten mitgebracht.

Vergangenheit, Gegenwart und Zukunft sind verwoben, und wenn ihr alle Ebenen auf einmal ausrichtet, werdet ihr automatisch gesund. In unseren Augen ist das eine der nützlichsten Techniken überhaupt.

Arbeitet an euch jedes Mal mindestens zehn bis fünfzehn Minuten. Nehmt euch Zeit für euch selbst. Wichtig ist auch eine Ruhepause nach dem Heilen. Es kann passieren, dass ihr beim Heilen verschiedenste Reaktionen an eurem Körper spürt. Das bedeutet, dass sich Körper und Seele gerade an die lichtvolle Zeitdimension anbinden und psychische und körperliche Verletzungen aus vergangenen Leben oder aus eurem gegenwärtigen Leben reinigen und angesammelte Emotionen und Gedanken aus Teilen des Körpers oder der Aura herauslösen. *Ihr reinigt damit praktisch die Zukunft.*

Durch die Verwendung dieser Technik betretet ihr automatisch den Weg in eine bessere Zukunft.

Alles Negative geht in die Minusdimensionen. Das sind Dimensionen, die für das Entfernen von Negativem da sind. Das Negative wechselt zu Gottes Macht, wo es gereinigt wird und die Frequenzen sich zu einer positiven Schwingung verändern.

Jeder von euch hat diese Möglichkeit und darf das Geschenk, sich selbst zu heilen, nutzen. Es liegt an jedem Einzelnen von euch, wie oft ihr es verwendet!

Manche Menschen sind sehr neugierig und bemühen sich, sich selbst und anderen zu helfen. Andere bilden eine inaktive Gruppe, die auf die Hilfe von Dritten wartet und Krankheit und Schmerzen lieber behalten will.

In manchen Fällen ist eine Krankheit auch wichtig für die innere Entwicklung, sie bereitet dann den Weg. Aber sie sollte nicht allzu lange dauern. Jedes menschliche Einzelwesen kann das für sich entscheiden.

Durch die Verbindung und den Anschluss an eure eigene Matrix – euer goldenes Netz – gelangt ihr zum Wesentlichen eures Daseins. Ihr gelangt zum Wesentlichen eures ursprünglichen göttlichen Denkens.

Macht euch bitte klar, welch große Wirkungen diese Heiltechnik auf euch haben wird. Ihr werdet euch ruhiger fühlen, ausgeglichener, die Seele beruhigt sich, und dadurch verschwinden auch körperliche Schmerzen. Fast hinter jeder Krankheit steht eine Krankheit der Seele. Durch eure Arbeit mit der göttlichen Matrix werdet ihr im Einklang mit der göttlichen Welle schwingen. Nach einiger Zeit werdet ihr euch wundern, wie positiv sich euer Leben entwickelt. Alle Frequenzen und Gitternetze werden sich mit der Zeit harmonisieren, und es kommt zu einer vollkommenen Einstimmung.

Jedes Familienmitglied sollte sich auf diese Weise heilen. Ihr könnt aber auch eure Familienmitglieder heilen. Geht genauso vor wie bei euch selbst.

Zieht warme Punkte vom Körper des anderen so weit weg wie möglich. Wenn ihr wollt, dass die gegenseitige schwingungsmäßige Kommunikation funktioniert, müssen alle Familienmitglieder die gleiche Frequenz haben. Ihr müsst aufeinander abgestimmt sein. Das kann durch eine gemeinsame Meditation im Vorfeld geschehen.

Manchmal ist es aber für ein Familienmitglied, das sich spirituell besonders stark entwickelt und auf das Positive eingestellt ist, einfach sehr kompliziert, mit der niedrigeren Frequenz der anderen Mitglieder klarzukommen. Es versucht sie dann zu tragen, sie zu harmonisieren, auf eine gemeinsame Ebene zu bringen und anzugleichen. Das ist nicht leicht.

Deshalb: Meditiert zuerst. Arbeitet an euch. Ihr alle. Das klärt eure Lebensessenz, legt das Wesen der Seele frei und erfüllt euch mit der allmächtigen universellen Energie.

Beim Schreiben dieser Worte erfüllt uns ein unsagbares Glücksgefühl. Diese Technik hat die Menschheit schon lange vergessen, und wir dürfen sie euch jetzt zurückbringen. Sie soll euch klar und bewusst vor Augen stehen, damit so viele Menschen wie möglich mit ihr arbeiten. Damit kehrt ihr zu eurer Essenz und dem göttlichen Plan zurück.

Wenn euch noch etwas unklar ist, setzt euch mit uns in Verbindung, bindet euch an uns an, stellt die Verbindung mit den Plejaden und uns her. Ihr werdet die Antwort bekommen, nach der ihr euch sehnt.

Wie viele Menschen suchen eine Aufgabe und ein Ziel im Leben. Durch eure Anbindung wird euch allmählich alles klar werden, denn Informationen über euer Ziel und eure Aufgabe werden zu euch gelangen. Auf die eine oder andere Weise. Wenn nicht durch unsere Worte, dann durch äußere Begebenheiten – oder durch jähes inneres Wissen.

Werdet zu Menschen, die sich um ihre Gesundheit und die Gesundheit der Seele kümmern. Verlasst euch nicht auf andere. Euch helfen könnt nur ihr selbst. Ihr kennt euer Innerstes am besten und könnt euch selbst am besten verstehen. Dadurch, dass ihr gesund werdet, könnt ihr auch anderen helfen – und das hat immense positive Auswirkungen.

Seid Wegbereiter und Lichtarbeiter! Es gibt wohl nichts Schöneres. Mit jedem Schritt kommt ihr eurem Wesen näher, versteht euch selbst besser und damit auch eure Umgebung und andere Mitglieder eurer Zivilisation.

Das Heilen von Tieren

Tiere sind Wesen, die euch Freude bereiten, vor wilden Tieren habt ihr Respekt und verehrt oft ihre Majestät und Größe. Und jedes Tier trägt eine Matrix in sich, die genauso aufgebaut ist wie eure und ihnen die Verbindung ermöglicht.

Die meisten Tiere wurden von den umgebenden Planeten hergebracht, damit ihr euch an ihnen erfreut. Wild lebend stehen sie durch ihre Matrix nicht nur untereinander, sondern mit der gesamten Natur in Verbindung. Sie haben ihre Anbindung nach »oben« nicht verloren und leben deshalb natürlich und ohne Probleme.

Leider gilt dies manchmal nicht bei Haustieren und Nutztieren, weil sie schon allzu sehr beeinflusst sind von der menschlichen Gesellschaft.

Beim Heilen von Tieren könnt ihr genauso vorgehen wie bei euch selbst oder bei anderen Menschen. Sucht am Körper des Tieres die warmen Punkte. Konzentriert euch auf sie und zieht sie mit der Hand in die Weite. Ihr könnt dabei durch den ganzen Raum oder Garten gehen. Die Frequenz verschwindet nicht mit zunehmendem Abstand, sie verstärkt sich im Gegenteil. Je größer der Abstand vom Körper ist, desto stärker werden die Zeitpunkte lang gezogen, und damit wird auch die Matrix größer – das Netz.

So erstaunlich es für euch klingen mag: Dadurch erhöht sich auch die Anbindung an die unendliche göttliche Intelligenz. Das goldene Gitternetz der göttlichen Intelligenz ist riesig, nicht endend. Genau so soll euer Netz oder das Netz eures Tieres aussehen. So lang und groß wie möglich. Eine zeitliche Verknüpfung – Vergangenheit, Gegenwart, Zukunft. JETZT. Genesung und Einheit. Einheit von Seele und Körper.

Tiere werden meistens sehr schnell wieder gesund. Sie haben keine Vorurteile, sind nicht durch menschliches Denken beeinflusst und lassen dadurch die heilende Energie auf sich wirken, ohne etwas zu erwarten. Darin gleichen sie kleinen Kindern. Sie sind noch nicht so stark an das kollektive Bewusstsein gebunden und vertrauen einfach.

Sie sind in der Lage, positive Energien und Gedanken sehr schnell aufzunehmen.

Friede mit euch!
Friede mit uns!

18

Liebe und Freude kehren zurück

In den vorangegangenen Texten haben wir euch das Wesentliche über Nullpunkt- und morphogenetische Felder erklärt. Wir haben euch die Kraft des gegenwärtigen Augenblicks erklärt, denn der gegenwärtige Augenblick ist das Bindeglied zu eurer positiven Zukunft. Wenn ihr euch dessen vollkommen bewusst seid, könnt ihr euch auf genau die Weise an Dimensionen, Zwischendimensionen und Räume anbinden, wie ihr es brauchen werdet. Ihr könnt die Realität so verändern, wie ihr es braucht – und ihr könnt selbst entscheiden, welche Alternative ihr wählt. Ob ihr den glücklichen oder den unglücklichen Weg geht.

Euer ganzes Bemühen auf diesem Planeten, vor allem in den vergangenen Inkarnationen, war überaus erfolglos, weil euch durch die dunklen Mächte die Anbindung und Verbindung zur umgebenden kosmischen Welt sowie die Anbindung und Verbindung zu euch selbst genommen worden war.

Nun ist es an der Zeit, alles wieder auszurichten, zum ursprünglichen Weg eurer Essenz zurückzukehren, sich dem Goldenen Zeitalter anzunähern und ein für alle Mal eure morphogenetischen Felder umzuprogrammieren, die nicht durch euer Verschulden negativ programmiert sind. Ständig binden sie sich an euch an und sind in eurer körperlichen Nähe. Das ist ihre Natur und bietet euch jegliche Möglichkeiten.

Und von den einfachsten Techniken ausgehend sind wir jetzt zu diesem Umprogrammieren eurer Realität gelangt – *und glauben fest daran, dass es uns gemeinsam gelingt.*

Wir glauben, dass wir mit eurer Unterstützung so viele Informationsfelder von so vielen menschlichen Individuen umprogrammieren können, dass es uns gemeinsam gelingt, eurem Planeten die strahlende Frequenz zurückzubringen, nach der er sich sehnt und auf die er ein natürliches Anrecht hat. Entscheidet euch dafür, eure Realität zu verändern.

Auch wenn ihr schon viele Schritte gegangen seid, die von Erfolg gekrönt waren, geht jetzt noch den Schritt, eure Informationsfelder umzuprogrammieren. Dadurch verwehrt ihr jeglichem Negativen den Zugang.

Beim Schreiben dieser Zeilen fühlen wir große Freude und Begeisterung für eure neue Zukunft.

Es werden immer mehr Lichthelfer, und das freut uns ganz unbeschreiblich. Auch der Lichtrat freut sich mit uns und im wahrsten Sinne des Wortes die gesamte Lichtwelt. Dieses »Projekt« wird mit absoluter Sicherheit erfolgreich und positiv vollendet, und wir werden euer neues Geschehen auf dem Planeten Erde mit Liebe im Herzen beobachten können.

Wir freuen uns schon jetzt, denn wir werden euch begleiten und mit eurer Unterstützung weiteren Zivilisationen helfen können, die unsere Hilfe benötigen.

Wir werden uns auf neue Aufgaben stürzen können, die erledigt werden müssen, und wir werden mehr ins Detail gehen können. Dies ist eine Zeit der Transformation, und wir haben sie als »grob« bezeichnet – eine grobe erste Transformation.

Die Reinigung reichte bei euch tief, viele von euch haben sie auf allen Ebenen gespürt. Oft habt ihr den Boden unter den Füßen und den Einblick in die neue Zukunft verloren.

In der Tiefe eurer Seele habt ihr aber immer gewusst und wisst ihr noch, dass Sorgen und Angst nicht zu euch gehören, dass die gesamte Situation, die euch plagt und festhält, künstlich erzeugt wurde und künstlich erzeugt ist. *Ihr habt geahnt, dass eure natürliche Essenz Harmonie, Liebe und Glück in der Seele und im Körper sind.*

Wir sind euch unbeschreiblich dankbar für eure Ausdauer. Wir sehen, wie oft ihr wieder aufstehen musstet, damit ihr weiter vorwärts gehen und neue Hoffnung erhalten konntet. Wir haben gesehen, wie viel Kraft und Durchhaltevermögen es euch oft gekostet hat. Trotzdem habt ihr nicht aufgegeben und seid weitergegangen, damit ihr zu diesem Stadium gelangen konntet – in die fünfte Bewusstseinsdimension.

Euer Geist und eure Seele haben es sich gewünscht, so weit zu kommen. Schließlich habt ihr noch eine lange Zeit vor euch, wie ihr alle wisst – die Unendlichkeit.

Eure Inkarnation auf der Erde ist nur ein geringfügiger Teil eures unendlichen Weges des Seins. Aber auf eurem großartigen Planeten Erde gelingt es euch, ein vielfältiges Leben zu leben, mit all dem Farbenreichtum und den Schönheiten der irdischen Welt.

Der Planet Erde wird schon sehr bald aufatmen und wieder richtig einatmen und nach vorne zu den kosmischen Dimensionen schreiten können. Er hat schon lange darauf gewartet, und bald wird er sich frequenzmäßig den anderen Planeten annähern können. Das Goldene Zeitalter rückt unaufhaltsam näher. Das Positive bahnt sich seinen Weg nach vorn und will nicht länger warten und mit der Entwicklung liebevoller Wellen des Glücks zögern. Der Planet und die menschliche Zivilisation schreiten auf ihrem Weg vorwärts.

Sicher könnt ihr fühlen, dass ihr mehr Kraft bekommt. Das Licht und die Liebe sind für euch fast schon greifbar, wenn ihr euch darauf eingestimmt habt. Negatives stößt euch geradezu ab, denn es gehört nicht mehr zu eurem energetischen System, und ihr gelangt immer mehr in eure Energie – eine konzentrierte Energie. Euer energetisches System beginnt sich zu stabilisieren, und jede Berührung und jeder Kontakt mit Liebe und Licht heben augenblicklich die Liebe und das Licht in euch selbst an.

Ihr erlebt bereits keine »Einbrüche« mehr und werdet auch keine mehr erleben, wie ihr sie früher erlebt habt. Die Energie wird immer stabiler werden und frequenzmäßig der kosmischen Energie ähneln. Euer gesamtes System wird schneller funktionieren. Jeden Kontakt mit der lichtvollen Energie nimmt eure Seele wahr, und eure Energie wird dadurch angehoben. Sie wird anderen Menschen oder Wesen durch den bloßen Gedanken an sie positive Energie zuleiten können, da eure lichtvolle Energie sich mit Lichtgeschwindigkeit bewegt. Eure Gedanken sind in der Lage, innerhalb einer Sekunde die Welt zu umrunden, und genau so schnell werdet ihr auch mit anderen kommunizieren können.

Die neue Zeit des Goldenen Zeitalters wird euch Glück und Harmonie in der Seele bringen. Ihr werdet euch von Negativitäten fernhalten und stattdessen alles Helle und Positive anziehen. Die durchleuchteten menschlichen Individuen werden viel stärker sein, weil sie sich gegenseitig anziehen und ihre Energie sich dadurch weiter intensiviert.

Die »dunkle« Welt und die »helle« Welt werden klarer. Es wird besser erkennbar sein, wer wer ist. Dunkle Einzelwesen erhalten weiterhin Chancen von der Lichtwelt, sich der hellen Seite anzuschließen. Dunkle Einzelwesen und im Grunde die ganze Welt werden immerzu von der Lichtwelt unterstützt. Der ganzen Welt werden in bestimmten Intervallen Lichtimpulse übertragen, die die Herzen aller Einzelwesen auf dem Planeten heilen. Der Lichtwelt geht es um die Rettung aller und um die Rettung des gesamten Planeten.

Wir wissen, dass viele Einzelwesen, die noch auf dem Weg der Suche sind, diese Chance ergreifen, dass sie die lichtvolle Essenz in sich erkennen und mit ihrem kleinen Licht, das ausnahmslos jeder in sich trägt, an das große Licht anbinden. Wir wissen, dass diese Einzelwesen begreifen, dass das der Weg ist und dieser Weg sie dahin bringt, sich selbst und ihre Selbstliebe anzunehmen. Wir wissen, dass genug Einzelwesen die Selbstliebe in sich entdecken und die Frequenz der Liebe sich auf dem gesamten Planeten ausbreiten kann.

Liebe und Freude werden auf euren Planeten kommen und eine Sinfonie spielen können, wie es in früheren Zeiten war, auf eine ähnliche Art und Weise, wie es auch auf anderen Planeten friedliebender Gemeinschaften geschieht.

Liebe dehnt sich im ganzen Universum aus. Ihre rosafarbene bis goldene Energie füllt Räume und Dimensionen, erstreckt sich in alle Richtungen, die ihr euch vorstellen könnt, und verbindet sich mit allen Individuen, die die Liebe annehmen und sie mit ihrer Selbstliebe zu sich ziehen. Die kosmische Christusenergie verbindet durch ihre positive Kraft alle gleich denkenden Individuen und löst in ihrem Licht Muster auf, die nicht in eure Welt gehören.

Sie nimmt die Frequenzen der Liebe in sich auf, die Christusenergie, und lässt alles Negative vergehen, das ihr in letzter Zeit transformiert habt. Sie durchleuchtet es mit ihrem Licht und löst sie im Äther des Universums auf. Böses wird in Licht umgewandelt, und dadurch nimmt die Liebe zu und die lichtvolle Energie erhöht sich.

Liebe und Freude kehren wieder zu euch zurück. Sie durchdringen sich gegenseitig kraft der Schönheit eurer Herzen und verbinden euch untereinander.

Und dabei erhält auch der Planet Erde von der Lichtwelt fortwährend Signale, lichte, feine Frequenzen, Ströme von Lichteinheiten, damit er schneller heilen kann und es dadurch auch euch wiederum seelisch und körperlich besser geht.

Eure Körper werden wieder mehr Frequenzen der Gesundheit aufweisen, und die durch diese Energie gestärkten Körper werden sich wiederum stärker an der Liebe des Universums erfreuen können. Ihr werdet eine beispiellose Kraft spüren und weitere DNA-Stränge anbinden, damit sich die Materie eurer Körper zusehends der kosmischen Ordnung annähert. Euer Herzorgan wird durch kosmische Impulse geheilt werden und größere Resistenz entwickeln.

Negatives Denken wird umprogrammiert werden und eure Gedanken werden strahlen. Sie werden sich um euren Körper herum bewegen, wunderschöne Gedanken, betörend farbig, vielfältig und rein. Sie werden so rein sein wie die Gedanken von Kindern. Rein, freudig und ohne schlechte Absichten.

Es ist uns eine unermessliche Freude, euch bei diesem Prozess zu begleiten, und es ist uns eine unermessliche Freude, euch unsere Ratschläge zu übermitteln.

Wir danken euch allen, und vor allem danken wir euch dafür, dass ihr unsere Ratschläge befolgt und damit die Energie um euch herum reinigt und durchleuchtet, eine Energie, die euch von Inkarnation zu Inkarnation begleitet und belastet hat, jetzt aber heilen darf.

In das neue Zeitalter werdet ihr diese Belastungen nicht mehr mitnehmen, ihr werdet sie nicht mehr mit euch schleppen müssen. In das neue Zeitalter geht ihr endlich erleichtert und mit Freude im Herzen.

Frieden und Liebe mit euch!
Eure plejadischen Begleiter

Umprogrammierung eurer Informationsfelder

Durch das Umprogrammieren eurer Informationsfelder erhaltet ihr Erleichterung und einen positiven Überblick und vor allem einen positiven Zugang zur positiven Zukunft.

Ihr werdet euch in der gegenwärtigen Zeit befinden. In eurer Präsenz werdet ihr eure eigene positive Zukunft erschaffen. Es wird euch endlich besser gehen. An Geist und Körper.

Durch eure Anbindung an das Nullpunktfeld gebt ihr eurer Seele die Möglichkeit, sich mit der göttlichen Energie zu verbinden, und ihr gebt eurer Seele die Möglichkeit, sich in alle Richtungen, Räume und Zeiten auszudehnen. Habt keine Bedenken, dass das Ausdehnen der Seele beschwerlich für euch sein könnte. Es ist eure natürlichste Fähigkeit.

In der Lichtwelt hat eure Seele die Möglichkeit, sich auch *lichtvoll* auszudehnen. Sie dehnt sich dort in alle Räume, Dimensionen und Zeiten aus, und das macht sie glücklich, weil sie sich dadurch mit anderen Seelen, die genauso ihr Licht verbreiten, verbinden kann.

Wie oft habt ihr von den Lichtwesen die Worte gehört: »Wir sind hier eins, wir sind durch Licht und Liebe verbunden.« Das Licht und die Liebe in den himmlischen Dimensionen verbindet alle untereinander, und gleichzeitig verbinden sich alle Lichtwesen und Seelen untereinander und sind verbunden mit der Liebe und dem Licht Gottes.

Nach dem Fortgang aus der körperlichen Hülle werdet ihr niemals allein sein. Macht euch keine Sorgen, dass eure Seele sich verlassen fühlen oder vereinsamen könnte. Eure Seele wird sich mit den anderen Seelenlichtern verbinden und diese unermessliche Einheit fühlen.

Ja, die Seelen, die in himmlische Dimensionen gegangen sind, *erleben Liebe – bedingungslose Liebe.* Die Grenzen der Möglichkeiten fallen, und ein Zustand unendlich vieler Varianten tritt ein. Varianten der Liebe. Variationen der Liebe. Das Licht der Seele dehnt sich aus und verbindet sich genau so mit Dimensionen und Räumen, wie die Seele es sich wünscht. Dabei bekommt sie auch die Chance, ihre Energie über die Zwischendimensionen bis zur Erde zu ihrer irdischen Familie auszudehnen, sofern sie bereit dafür ist und den Kontakt mit der Familie aufrechterhalten möchte.

Seelen können ihre Energie ausweiten. Dabei bleibt ein Teil der Seele in der himmlischen Dimension. Die Möglichkeit des Kontakts mit der irdischen Familie ist deshalb gegeben. Dann kommt es nur noch darauf an, wie weit die irdische Familie spirituell entwickelt ist und ob sie in der Lage ist, die Signale der Seele des Verstorbenen aufzunehmen.

In der Lichtwelt weitet sich die Energie der Seele aus. Sie weitet sich in solche Entfernungen aus, dass sich auch Engelsenergien und Energien anderer Lichtwesen mit ihr verbinden. *Hier herrschen Ruhe, Harmonie und Glück.*

Unsere plejadischen Familien sind ständig mit der Lichtwelt in Kontakt, da nach dem Gesetz der Dualität der Kontakt mit dieser Welt genauso wichtig ist wie der Kontakt mit der physischen Welt lebender Wesen.

Vorbereitung auf die Übung

Wir kommen nun zu einer Übung zur Umprogrammierung eurer Informationsfelder. Dazu wird es notwendig sein, ein paar Grundsätze einzuhalten:

Entledigt euch während der Übung jeglichen Elektrosmogs und aller elektromagnetischen Strahlungen und weicht erforderlichenfalls in die Natur aus.

Stellt sicher, dass ihr über die ganze Zeit dieser Anbindung hinweg absolute Ruhe habt.

Trinkt vor der Übung viel sauerstoffreiches Quellwasser und auch noch einige Stunden danach.

Wasser ist ein Leiter für die kosmische Energie. Euer mit Wasser gestärkter Körper wird die Frequenz der kosmischen Energie besser herausfühlen können.

Harmonisiert eure Gehirnhälften. Das könnt ihr durch die unten stehenden Linien erreichen, indem ihr drei Minuten lang deren horizontale Ausrichtung betrachtet.

_____

_____

_____

Übung

Setze dich hin und atme tief.

Verbinde dich in Gedanken mit deiner Kindheit. Verbinde dich mit Augenblicken, in denen du dich glücklich und sicher gefühlt hast.

Lasse dieses Gefühl sich in dir ausbreiten.

Jetzt kehren wir mit dir in die Zeit zurück, in der du im Mutterleib und mit deiner Mutter energetisch verbunden warst. Erlebe dieses Gefühl der unaussprechlichen Sicherheit und Unmittelbarkeit.

Wir gehen nun noch weiter zurück, in die Zeit, als du in der Dimension der Ewigkeit warst. Binde dich gedanklich und mit deinem Herzen an diese Zeit an. Binde dich an diese Liebe, Harmonie, dieses Licht und Glück an. Du befindest dich in der Dimension der Ewigkeit.

Blicke dich um. Überall befinden sich helle und liebevolle Frequenzen. Fühle diesen Augenblick und lasse die bedingungslose Liebe auf dich wirken.

Nun hast du die Möglichkeit, dich in dieser Dimension mit deinem Höheren Ich zu verbinden.

Dein Höheres Ich wohnt zwar in der Dimension der Ewigkeit, aber es ist in fortwährendem Kontakt mit dir. Verbinde dich mit ihm, verbinde dich mit seiner Energie, seinem Licht und seinen Informationen.

Bitte dein Höheres Ich um die absolute Verbindung von euch beiden.

Nun bist du gestärkt, und die Energie und das Wissen deines Höheren Ichs haben sich mit dir verbunden.

Kehre jetzt gedanklich in deinen Körper zurück und beobachte, welche Energie dein Körper und deine Aura ausstrahlen. Dein Körper sollte energetisch gestärkt sein, und deine Aura sollte energetisch vibrieren. Dein ganzer Körper und deine Aura strahlen und schwingen lichtvoll.

Konzentriere dich nun auf dein Herz, lasse dein Herz erstrahlen und lasse dein Herzenslicht sich mit deinem Körper und mit deiner Aura verbinden.

Sei dir deines Lichts und deiner Kraft sicher.

Dein Herz, dein Geist und deine Seele sind absolut miteinander verbunden.

Jetzt konzentriere dich auf die starke Energie, die du in dir und um dich herum trägst.

Entscheide dich in diesem Augenblick, die Informationsfelder, die sich überall um dich herum befinden, zum Positiven zu verändern.

Sprich laut:

»Ich bin absolut in meiner Mitte, und mein Herz verbindet sich mit den Gesetzen des Universums. Mein Herz verbindet sich mit der Liebe Gottes und mit seinen positiven Gesetzen.

Mit meiner reinsten Absicht programmiere ich mich positiv um. Alle negativen Visionen und negativen Erlebnisse sind aufgelöst.

Meine Seele dehnt sich mit ihrem Licht in alle Dimensionen, Zwischendimensionen, Räume und Zeiten aus und löst mit ihrem Licht alle negativen Informationen auf, die sich in meinem System befinden.

Ich bin absolut in meiner Mitte. Meine Absicht ist so stark, dass sich alle negativen Programme auflösen. Ich setze und hinterlasse jetzt dauerhaft in diesem Raum meinen positiven energetischen Abdruck.

Mein Raum, meine Dimensionen, Zwischendimensionen und meine Zeit sind rein, strahlend und positiv. Sie sind mit der Liebe Gottes verbunden.

Ich danke von ganzem Herzen dafür.«

Stelle dir vor deiner Brust das Zeichen der Unendlichkeit zur Bestärkung dieser Information vor.

Diese Übung ist eine Hilfestellung, wie du in den Zustand der Konzentration und der Ausdehnung deiner Seele gelangen kannst. Sehr wichtig ist das Harmonisieren deiner Gehirnhälften, weil du dadurch eine andere Schwingungsebene des Gehirns erreichst. Außerdem gibt dein Gehirn dadurch der Epiphyse (Zirbeldrüse) die Möglichkeit, sich in vollem Umfang an die Lichtenergie und die kosmischen Gesetze anzubinden. (Sie befindet sich zwischen euren Gehirnhälften und ist eine Art Empfänger für Informationen der Lichtwelt.)

Durch die Rückführung in deine Kindheit und in die Zeit, als du dich im Mutterleib befunden hast, wollten wir dich in ein Ruhestadium führen.

Bei dieser Übung sollte dein Geist vollkommen ruhig sein. Gerade in Zeiten der tiefsten Entspannung kannst du dich erfolgreich mit anderen Dimensionen verbinden und dort mit deiner Seelenkraft deine Realität positiv beeinflussen.

Möglicherweise gelingt dir die »richtige« Anbindung erst bei einer Wiederholung dieser Übung. Es genügt ein Sekundenbruchteil, in dem deine Seele so stark ist, dass sie die Dimensionen der Zeit und deiner Realität durchdringt.

Es geht um die Anbindung an das Nullpunktfeld, welches sich in deiner Realität ausbreitet und dir Möglichkeiten bringt, die du dir dann programmierst. Wichtig ist es, während dieser Übung positiv ausgerichtet zu bleiben.

Vielleicht findest du mit der Zeit deine eigene Methode, in diesen Zustand zu gelangen und dadurch deine Seele positiv deine Realität durchdringen zu lassen.

Du kannst dich jederzeit mit uns verbinden, und wir helfen dir bei deinem Prozess.

Wir wünschen dir viel Erfolg beim
Umprogrammieren deiner Informationsfelder!

20

Die Delfine sprechen

Bei jedem einzelnen Atemzug verbindest du dich mit deiner näheren Umgebung, und gleichzeitig verbindest du dich mit dem kosmischen Element Sauerstoff. Sauerstoff spielt für euch eine lebenswichtige Rolle, und doch halten viele menschliche Einzelwesen das Vorhandensein von Sauerstoff für vollkommen selbstverständlich und verschwenden keinen weiteren Gedanken daran.

Sauerstoff ist das Element eurer Luft und umgibt euren gesamten Planeten. Luft und der darin enthaltene Sauerstoff sind in eurer nächsten Umgebung so stark konzentriert, dass ihr sie gut einatmen könnt. Wenige Kilometer über der Erde nimmt der Sauerstoffgehalt bereits ab, und es gibt dort andere atmosphärische Verbindungen.

Der Körper des Menschen ist daran angepasst, auf diesem Planeten zu leben, und es ist ihm nicht möglich, auf anderen Planeten zu leben. Die einzige Ausnahme stellt bislang der Planet Sirius dar. Die Atmosphäre enthält verschiedenste Sauerstoffverbindungen; auch gibt es dort Wasserstoffverbindungen, die den Eigenschaften von Wasser stark ähneln.

Vor dem Projekt Atlantis erwog der Lichtrat ursprünglich, ob er die menschliche Rasse nicht auf einen oder mehrere Planeten des Sternensystems Sirius bringen sollte, da dort die Umwelt am geeignetsten für euch ist. Aber der Planet Erde erwies sich als noch geeigneter für den menschlichen Körper, und so wurdet ihr hierhin umgesiedelt. Auf eurem ursprünglichen Planeten hattet ihr nahezu identische Bedingungen wie hier auf der Erde, aber die Natur eures ursprünglichen Planeten war nicht so bunt und vielfältig.

Der Planet Erde gehört zu den schönsten Planeten in unserer gemeinsamen Galaxis. Genau wie die menschliche Rasse zu den wundervollsten gehört. Ihr habt dieses Privileg, hier auf dem Planeten zu leben und den Sauerstoff dieses Planeten zu atmen. Seid euch dessen bewusst und nehmt dieses Geschenk mit Dankbarkeit an. Auf anderen Planeten ist das nicht immer so. Sehr oft müssen die Bewohner verschiedener Planeten die atmosphärischen Bedingungen für ihr Leben anpassen. Nicht selten leben unterschiedlichste Zivilisationen im Inneren der Planeten. Der Planet Erde ist wirklich ein Paradies.

Nehmt auch das Wasser in Dankbarkeit an. Wasser, ein kosmisches Element, ist nach der Luft die wichtigste chemische Verbindung für euren Körper.

Noch vor der Zeit von Atlantis sind Gruppen von Delfinen und Walen auf den Planeten Erde gebracht worden, deren Nachfahren nach wie vor durch eure Ozeane und Meere schwimmen und allem und jedem Freude sowie positive Energie bringen. Sie sind immerzu an die Frequenz des Kosmos angebunden. Sie haben nichts von ihrer Verspieltheit und Freude verloren und verbreiten untereinander Liebe.

Wer einmal einem Delfin in freier Natur begegnet ist, der kann bezeugen, dass diese Wesen (wir würden sie niemals als »Tiere« bezeichnen) nichts als Liebe und Verspieltheit verbreiten und schon durch ihre bloße Anwesenheit Erleichterung bringen. Auch sie haben sich die Aufgabe ausgewählt, auf diesen Planeten herabzukommen und die menschliche Zivilisation mit ihrer Liebe, Verspieltheit und Intelligenz vom Wasserreich aus zu unterstützen.

Es sind große Persönlichkeiten in »tierischer« Gestalt.

Ein Channeling der Delfine

»Liebe menschliche Zivilisation!

Mit Freude und Vergnügen in unseren Seelen überbringen wir euch eine Botschaft aus der Welt des Wassers, aus der Welt der Delfine, der Welt der Wale und anderer Wesen einer höheren Bewusstseinsstufe.

Unsere Delfinenergie ist verspielt und unmittelbar. Genau so wie eure Energie es war, bevor ihr auf diesen wunderschönen Planeten gebracht wurdet.

Lauscht und hört zu, was euch die Natur und die Welt des Wassers zuflüstern. Seht, welche Geschenke euch die Natur bereitet, und beobachtet, was euch die Natur mitteilen möchte.

Bleibt in euren Herzen, lasst euch nicht davon abbringen. Bleibt in eurer Liebe und in eurer Verbindung mit Gott.

Wir begleiten euch bereits Tausende von Jahren, wir beobachten das Geschehen auf eurem Planeten und verbreiten fortwährend Liebe und die Reinheit des Herzens.

Wir, Wesen des Kosmos, ebenso wie ihr Wesen des Kosmos seid, sind gleich und rein in der Seele. Lasst nicht zu, dass ihr eure Essenz verliert, und fangt wieder an zu spielen.

Spielt so, wie kleine Kinder spielen, und lasst eure Seele verspielt und freudig sein. Spielt mit euren Kindern und bleibt selbst

Kinder. Neugierig und unschuldig. Eure Kinder, eure junge Generation, gibt euch neue Impulse und einen neuen Überblick für euer veraltetes Denken. Werdet wieder zu Kindern und lasst alle Tasten und Saiten eurer Musikinstrumente erklingen.

Die Seele eines Kindes ist rein, unschuldig und wehrlos. Beschützt sie und spielt mit ihr.

Wir bringen Freude, Liebe und Frieden! Wir bringen Freude und helfen euch dabei, eure Meinungen zu ändern. Unsere lichtvolle Wasserwelt ist direkt mit eurer irdischen Welt verbunden.

Es existieren keine Grenzen, wir sind eins.

Lasst unsere Anwesenheit zu und erlaubt euren Seelen, unsere Energie und unsere Leichtigkeit anzunehmen.

Kehrt zu eurem Ursprung zurück und werdet wieder zu kleinen Kindern mit reinen Seelen.

Die Kraft des Ozeans und die Kraft der Meere ist in allen von euch, die Kraft der Wasserwelt beeinflusst euch genau so, wie euch die Kraft der irdischen Welt beeinflusst. Lasst uns wieder im Gleichgewicht sein, schützt unsere Welt auf die gleiche Weise, wie wir eure schützen.

Verbindet euch gedanklich mit uns. Lauscht dem Rauschen der Ozeane und lauscht auf unsere Sprache. Unsere telepathische Sprache. Wir sind für euch da. Unsere Anwesenheit auf diesem Planeten ist für uns voller Freude.

Die Freude können uns nur die menschliche Unvernunft und die Zerstörung der Natur durch Menschen trüben. Die Zerstörung unseres gemeinsamen Zuhauses.

Hört uns nun zu und verbindet euch mit uns. Öffnet eure Herzen und lasst uns in eure Welt der Gefühle und Gedanken einsteigen. Fühlt unsere Liebe und unsere Lebensfreude. Fühlt mit uns, wie sanft wir durch die Ozeane gleiten. Wie uns dieses kosmische Wasserelement Leben gibt und uns Lebensraum bietet. Schwimmt in Gedanken mit uns durch den Ozean und fühlt diese Leichtigkeit. Wasser macht uns glücklich, es wäscht jegliche Negativitäten von uns ab, ebenso wie es »Unreinheiten« von euch abwäscht.

Wasser, unser gemeinsames Element und unser gemeinsames Lebensgeschenk. Lassen wir nicht zu, dass es uns genommen wird. Lasst zu, dass wir uns daran erfreuen.

Lasst zu, dass wir uns über die Sonne freuen, die das Wasserreich und das irdische Reich miteinander verbindet und uns mit solcher Wonne erfüllt.

Lasst uns Freude haben an diesen Geschenken, die wir erhalten haben. Kehrt zur Einfachheit des Lebens zurück und kehrt zu eurer Essenz zurück. Kehrt zur Natur zurück.

Kehrt zur unberührten Natur zurück und kehrt zum Paradies auf Erden zurück.«

Anmerkung der Autorin

Diese Worte haben mich tief berührt ... Mein erster telepathischer Kontakt mit Delfinen ...

Von Beginn dieses Kapitels an habe ich gespürt, dass die plejadische Energie mit einer anderen Energie gemischt ist, einer sehr verspielten und freudigen Energie, und ständig habe ich in meinem Geist das Wort »Delfine« gehört.

Immerzu wurden mir Bilder der Ozeane und von spielenden Delfinen projiziert. Bald war mir klar, dass sich dass Wasserreich der Delfine anbinden möchte.

Uns sollte immer bewusster werden, dass wir alle »eins« sind, und wir sollten so schnell wie möglich das Gleichgewicht zwischen den Elementen unseres Planeten wiederherstellen. Wir sind alle verbunden und beeinflussen uns gegenseitig.

Sofort ist mir auch klar geworden, wie wichtig eine Sache ist, die wir alle kennen… uns mehr unseren Kindern zu widmen, mit ihnen zu spielen und sie zu »qualitativen« und verständnisvollen Menschen unserer Zukunft zu erziehen. Es ist wichtig, dass unsere Kinder Kinder bleiben und so viel Kontakt und Verbindung wie möglich mit der Natur haben.

Durch Verspieltheit erhalten »erwachsene« Menschen Leichtigkeit und verlieren die Schwere, die viele Menschen immer noch in ihren Herzen tragen.

21

Weitere neue Hoffnung für die Zukunft

diktiert durch Orella

Mit der Zivilisation der Delfine kommunizieren wir sehr häufig, und wir teilen uns unsere Angelegenheiten telepathisch mit. Auf unseren Planeten ist es vollkommen normal, mit der Wasserwelt und ihren Bewohnern zu kommunizieren. Schließlich sind wir, wie die Delfine dir schon mitgeteilt haben, *eins* – und genau so sollte man auf den gesamten Planeten Erde und seine Bewohner blicken.

Ohne ein gesundes Gleichgewicht kann keine Welt funktionen, auch eure nicht. Es ist so, wie wir immer wieder betonen. Alles muss im Gleichgewicht sein, alles muss harmonisch ineinander passen. Das formulieren auch die bereits erwähnten »Hermetischen Gesetze«, die Harmonie bringen und dem gesamten System Ganzheit.

Auf dem Planeten Erde gibt es noch so viele »Baustellen«, die neu angelegt werden sollten. Viele müssen erst »dem Erdboden gleich gemacht werden«, damit ganz von vorne begonnen werden kann. Ihr könnt kein prunkvolles Haus auf alten oder wackeligen Grundmauern errichten.

Ihr sollt wissen: Feste und stabile Grundmauern haben oberste Priorität. Nur so könnt ihr neue Elemente und neues Denken in diese Welt bringen.

Das Errichten »neuer Grundmauern« gelingt euch bereits in vielen Bereichen, und das macht uns wirklich glücklich. Auch eure ökologische, wirtschaftliche und politische Situation hat großteils schon neue Grundlagen, und das erzeugt Unruhe. Glaubt aber, dass ihr auf einem guten Weg seid, und gemeinsam wird es euch gelingen, neue Systeme zu etablieren.

Systeme bewusstseinsmäßiger Art erleben ebenfalls eine Erneuerung. Ganze Gemeinschaften gelangen durch ihren Fleiß massenweise in höhere Bewusstseinsdimensionen. Außerdem gelingt es euch inzwischen, euch über eure Energie untereinander zu vernetzen, und dadurch erfolgt der Fortschritt in höhere Bewusstseinsdimensionen noch schneller.

Die Frequenz der interstellaren Räume steigt, da die menschliche Zivilisation ihr Bewusstsein erhöht – das Bewusstsein auf seelischer und das Bewusstsein auf materieller Ebene. Die interstellaren Räume, vor allem die in der unmittelbaren Umgebung eures Planeten, beginnen leichter und freudvoller zu schwingen. Der Nebel, der sich zwischen einzelnen Planeten und Sternen befindet, lichtet sich allmählich, und die Farben fangen wieder an zu strahlen.

Wenn wir »von oben« auf den Planeten Erde blicken, sehen wir, dass wir euren Planeten jetzt räumlich klarer wahrnehmen können. Das Licht der menschlichen Individuen und irdischen Netze *erleuchtet* ihn im wahrsten Sinne des Wortes, und das goldene irdische Netzwerk bekommt immer neue Verbindungen. Sie werden immer deutlicher erkennbar. Es durchzieht den ganzen Planeten, dieses goldene Netz, und immer weitere Verbindungen bilden sich und verleihen der menschlichen und der kosmischen Matrix Kraft. Alles beginnt zusammenzupassen, und der Planet fängt an, in einer goldenen Farbe zu schwingen.

Um euren ganzen Planeten herum befanden und befinden sich teilweise immer noch dunkle Netze und dunkle Felder, erschaffen von dunklen Mächten.

Es sind dies Felder, an die sich Einzelwesen mit dunklem Denken angebunden haben und immer noch anbinden. Die Stabilität dieser dunklen Verbindungen ist aber nicht mehr so groß, die dunklen Felder sind zum Teil schon abgetrennt und die sich auf eurem ganzen Planeten ausbreitenden dunklen Netze haben nicht mehr eine solch feste Struktur. Dunkel denkende Einzelwesen binden sich zwar immer noch daran an, aber auch diese dunklen Felder büßen bereits an Kraft und Macht ein und werden irgendwann vergehen.

Schon haben viele dunkle Zivilisationen euren Planeten verlassen, und die Kontakte zwischen denen, die gegangen, und denen, die geblieben sind, beginnen abzubrechen.

In letzter Zeit haben sich ganze außerirdische Zivilisationen verabschiedet.

Menschliche Einzelwesen, mit ihren Gedanken an die dunklen Felder angebunden, verlieren ebenfalls an Kraft. Aber dies ist ein natürlicher Prozess.

Positive, friedlich und »hell« denkende Einzelwesen beginnen im Gegensatz dazu mehr Kraft zu bekommen, und dunkle Elemente halten sich in ihrer Anwesenheit nicht lange und verpuffen wie ein Tropfen auf einem heißen Stein.

Positive Individuen erhalten Kraft und Unterstützung von allen Seiten. Sie werden durch die kosmische Christuskraft und die göttliche Liebe gestärkt. Positive Individuen stärken sich untereinander und übertragen sich so gegenseitig Kraft und Ausdauer. Das Positive ist stärker als Negativismus.

Auch wenn es so scheint, als würde der Negativismus in der jetzigen Zeit das Positive überlagern, werden die Karten doch gerade neu gemischt und Licht und Liebe beginnen wieder an ihrer ursprünglichen Kraft zuzunehmen.

Die gesamtplanetarische Situation, in den Augen eines Laien katastrophal, in denen eines Eingeweihten ermutigend, wird immer stärker durchleuchtet. Konzentriert euch auf positive Taten. *Hört auf, Nachrichten im Fernsehen und im Radio zu verfolgen, die euch unterbewusst hinunterziehen. Ihr erfahrt dort nichts anderes als Negativität und Katastrophen.* Die dunklen Mächte und dunkle Einzelwesen haben kein Interesse daran, der menschlichen Gesellschaft freudige und aufbauende Nachrichten zu übermitteln.

Die dunklen Mächte »kämpfen« nach wie vor mit allen Kräften und versuchen euch so viele negative Neuigkeiten wie möglich zu vermitteln, damit ihr doch noch glaubt, dass die Welt dem Untergang geweiht ist. *Ihr sollt glauben, dass ihr keine andere Wahl mehr habt, als auf ihre Seite zu wechseln, egal ob gedanklich oder physisch.*

Vertraut auf euer Herz und setzt auf euren gesunden Menschenverstand.

Die menschliche Seele und die menschliche Zivilisation haben viel Unglück erlitten, aber in der Tiefe eurer Seele wisst ihr alle, dass Liebe und Licht die stärksten und mächtigsten Instrumente und zu guter Letzt auch eure Bestimmung sind.

Die Umlaufbahnen der Planeten eures Sonnensystems haben sich teilweise verschoben. Das hatte starke Veränderungen auf der Erde zur Folge. Flut und Ebbe haben sich verändert, und Sonnenlicht und Mondschein waren teilweise konzentrierter oder im Gegenteil weniger konzentriert – je nach den Abweichungen der Umlaufbahnen.

Die aktuelle planetarische Situation ist noch immer schwerwiegend und bedeutungsvoll. Und das nicht nur wegen der dunklen Mächte, denn es war eine natürliche Veränderung, verursacht durch die Verschiebung der Umlaufbahnen anderer Planetensysteme.

In der jetzigen Zeit beginnt sich alles wieder zu normalisieren. Obwohl es sich nur um geringfügige Abweichungen handelt, die nach kosmischen Maßstäben kaum nennenswert sind, hat sich das auch in der menschlichen Psyche widergespiegelt, die ohnehin schon stark durch die dunklen Mächte in Mitleidenschaft gezogen war.

Dunkle Mächte, kosmische Verschiebungen der Planetenbahnen, eine Neuausrichtung der Energiefelder ... Viele Einflüsse haben auf euren Planeten gewirkt, die sich aber nun wieder normalisieren.

Der Planet erhält dank der Erdlinien eine neue Matrix und neue Kraft. Ihr werdet jetzt verstärkt die Möglichkeit bekommen, euch auf der Ebene gleicher Frequenzen mit anderen Planeten zu verbinden.

Die menschliche Zivilisation erhält Stabilität und steht bald wieder »mit beiden Beinen fest auf dem Boden«.

Wie sehr wünschen wir uns, dass euch der Fortschritt in dieser bedeutenden Zeit gelingt, der Wechsel in neue Bewusstseinsebenen. Ganze Gemeinschaften kosmischer Familien unterstützen und begleiten euch bei diesem Prozess.

Indem ihr telepathisch eure Gedanken übertragt, wird euch schon bald alles sehr klar werden und erstaunlich selbstverständlich erscheinen. Die Kommunikation zwischen euch, den kosmischen Gemeinschaften und der Lichtwelt wird mehr als deutlich sein.

Es genügt, in Übung zu bleiben und die Hoffnung und Geduld nicht zu verlieren.

Bleibt Menschen mit dem Herzen auf dem rechten Fleck, bleibt offen gegenüber neuen Gedanken und Ideen und bleibt verspielte Kinder, so wie euch die Zivilisation des Wasserreichs auffordert, es in eurem Innern zu sein.

Ja, durchlebt dieses Leben mit der Leichtigkeit und Verspieltheit eines Kindes. Erliegt nicht der Schwere des Lebens, denn die Jahrzehnte hier sollen für euch ein Geschenk sein und keine Belastung.

Durchlebt euer Leben mit Weitsicht und Freude.

Ihr seid hier auf der Erde Besucher und Lichtboten. Ihr seid Gesandte der Lichtwelt und erlebt eure Inkarnation mit diesem Gedanken im Herzen!

Mit Liebe im Herzen
Orella, Vertreterin des Lichtrats

22

Positive Geldenergie

Wir wissen, wie sehr euch die Problematik des Geldes belastet. Dieses Thema gehört zu den größten energetischen Belastungen, welche die menschliche Zivilisation in sich trägt.

Viele menschliche Individuen haben Respekt vor den finanziellen Energien, sie haben Angst, sich gedanklich und über ihr Herz damit zu verbinden. Viele menschliche Individuen haben Programme in sich einkodiert, die sie über die gesamte irdische Inkarnation hinweg belasten.

Es ist notwendig zu begreifen, dass die Energie des Geldes eine fließende, lebendige Energie ist, die für euch hier ist – und dass es für euch alle stets ausreichende Mittel gibt. Nur belastende Gedankenmuster hindern euch am vollkommenen Wohlstand, nur eure Gedankenmuster und eure vielleicht bislang nicht gereinigten Herzen.

Ihr alle seid in der Lage, euer Leben und eure Realität so zu erzeugen, wie ihr es euch wünscht. Jeder von euch ist dazu in der Lage. Jeder von euch kann in einer Form des Wohlstands leben. In dieser Zeit mehr als jemals zuvor.

Während der menschlichen Ära wurde die positive finanzielle Energie unzählige Male missbraucht. Auch eure heutige Welt ist durch die Macht der negativen Taten getrübt, so dass für viele von euch finanzieller Wohlstand ein unerreichbares Ziel geworden ist.

Die Frequenz des Geldes, die vorwiegend durch Gewalt, Betrügereien, Überfälle, Korruption und dergleichen mehr entstanden ist, schwingt sehr niedrig. Sie bewegt sich ganz unten am Boden. Manchmal haben die Leute das Gefühl, dass sich ihnen das Pech an die Fersen heftet und sie einfach, egal was sie tun, kein Geld erhalten.

Das liegt daran, dass sie sich unbewusst an die Vibrationen dieser niedrig schwingenden Kräfte anbinden.

Wenn ihr euch aber an die Frequenz der finanziellen Energie anbindet, die aus Freude und Glück entstanden ist, könnt ihr den Wohlstand in eurem Leben sehr schnell aufladen! Diese *positive Energie des Geldes*, diese helle, energetische Informationswolke wird von der Freude der Menschen genährt, die Geld *in reiner Absicht* und *mit reinem Herzen* erhalten haben. Sie lassen die Geldenergie fließen. Diese Menschen haben verstanden, dass sie Geld für ihr Sein auf diesem Planeten nutzen, aber nicht besitzen können!

Geldenergie ist wie jede andere Energie – flexibel und unaufhörlich in Schwingung. Sie mag keine Stagnation, sie mag sich bewegen und allen Freude bringen.

Lasst die Gegenwart der positiven Energie des Geldes zu und nehmt sie in alle Dimensionen eures Seins auf.

Verbindet euch mit der Energiewolke und Freude der positiven finanziellen Energie. Lebt freudiger und widmet euch eurem Lebenstraum und eurer Berufung.

Übung

Setze dich gemütlich hin und atme tief.

Verbinde dich nun gedanklich mit deiner Lichtfamilie, die sich in der Dimension der Ewigkeit befindet.

Bitte um Unterstützung bei deiner meditativen Arbeit.

Stelle dir vor, dass durch dein Kronenchakra ein goldweißer Lichtstrahl tritt und deinen ganzen Körper durchstrahlt. Du bist mit der kosmischen Kraft verbunden.

Entscheide dich jetzt bewusst und mit der Kraft deines Herzens, dich von der negativen, niedrig schwingenden Energie des Geldes zu lösen.

Blicke nach oben zum Himmel, wo sich eine unglaublich schöne bunte Wolke zu formen beginnt, voll von verschiedenen strahlenden Farben. Die Wolke glitzert wunderschön. Wohin das Auge reicht, glitzern kleine Teilchen. Sie rieseln auch auf dich herab, und wenn du deine Hand ausstreckst, fallen sie auf deine Handflächen.

Du fühlst, wie sehr diese Wolke mit Glück und Freude aus erfüllten Wünschen gefüllt ist. Du siehst in der Wolke, wie sich Menschen freuen und sorgenfrei leben. Sie können sich am Leben erfreuen, sie haben Zeit für ihre Kinder und widmen sich ihnen unbeschwert.

Sie wissen, dass für sie gesorgt ist und dass sie genug Mittel zur Verfügung haben.

Sie haben absoluten Wohlstand. Sie strahlen absolute Zufriedenheit und Ruhe aus. Sie haben eine sichere Zukunft. Sie schöpfen aus der unendlichen Wolke des Wohlstands und von der reinen göttlichen Energie.

Strecke deine Hände zu dieser Wolke hin aus, dadurch verbindest du dich gedanklich mit ihr. Nimm die Gefühle des Glücks wahr. Die göttliche Intelligenz nimmt dich wahr und wartet auf deine Wünsche.

Sprich: »Ich bin bereit, aus dem positiven Feld der Geldenergie zu schöpfen und zu empfangen. Meine Absichten sind rein, meine Seele ist rein, und ich bin absolut offen für den Empfang von Geld. Alles Negative, das ich je in Bezug auf Geld gehört oder wahrgenommen habe, gehört der Vergangenheit an.

Nun öffne ich mich einer neuen, sorgenfreien Zukunft und lasse das Geld von ganzem Herzen zu mir strömen. Ich empfange es mit Dankbarkeit, in Leichtigkeit, und dadurch bin ich frei von allem Negativen, das mit Geld zu tun hat.

Ich lebe glücklich, zufrieden, und es ist für mich gesorgt. Meine Seele ist glücklich und dadurch mit der kosmischen Intelligenz verbunden. Alle Dimensionen meines Seins strahlen und werden durchstrahlt.

Danke!«

Die Worte dieser Übung sind mit lichtvoller Schwingung aufgeladen, und wenn du sie laut aussprichst, nimmt deine positive Absicht an Kraft und Frequenz zu.

Wir wünschen euch ein glückliches Leben und erfüllte Wünsche. Mit dem Thema Geld seid ihr eine der großen Belastungen losgeworden, welche die menschliche Seele in der heutigen Gesellschaft tragen muss.

Eure Seele ist um ein großes Gewicht leichter.

Frieden mit euch!
Frieden mit uns!

Vergebung

Damit euer Herz leichter wird, möchten wir euch noch bei einer Angelegenheit helfen, die euch nach wie vor belastet, weil sie euch aneinander bindet – aber auch an andere Seelen, die sich bereits wieder im Licht befinden.

Wir denken, dass ihr zu wenig *Vergebung* lebt. Vergebung euch selbst gegenüber und Vergebung anderen gegenüber. Vergebung, die für euch alle wichtig ist, denn zu wenig davon hindert euch möglicherweise am Fortschritt in weitere Bewusstseinsdimensionen.

Die Unfähigkeit zu vergeben bindet in allen Bereichen. Sie bindet euch untereinander und zieht euch zu Boden.

Viele menschliche Einzelwesen erleben dieses irdische Leben, tragen ein Unrecht mit sich, das ihnen angetan wurde, und es wiegt schwer wie Blei. Sie schleppen es mit sich und sind nicht fähig, zu vergessen. Vielleicht hat der Geist vergessen, aber ihre Seele nicht, und diese Blockaden bewegen sich immerzu in ihrer Nähe.

Wenn wir »von oben« auf euch blicken, sehen wir oft, wie diese dunkel schwingenden Fäden menschliche Einzelwesen aneinanderbinden. Manchmal ziehen sie diese Individuen noch näher zueinander, so dass sie sich energetisch nicht voneinander lösen können. Es hat den Anschein, als beschritten sie wegen dieser dunklen Verbindung einen gemeinsamen Lebensweg. *Sie sind ständig in Verbindung, ob sie es wollen oder nicht.*

Die Unfähigkeit zu vergeben hat viele Menschen krank gemacht. Sie verstehen nicht, dass gewisse Lebenssituationen nur Prüfungen des Lebens waren, über denen man drüberstehen sollte. Sie verstehen nicht, dass sie, wenn sie nicht vergeben, vor allem sich selbst schaden. Durch Nicht-Vergebung werden besonders die Ohren-Chakren blockiert, sehr oft fließen dadurch auch das Halschakra und das Herzchakra nicht mehr frei. Nicht-Vergeben ist eine zähe Energie, die starke Bindungen aufrechterhält, regelrechte Taue.

Menschen, die nicht vergeben haben und in der Vergangenheit leben, sind sehr oft krebskrank. Ihr Körper wird durch schlechte Gedanken geradezu zerfressen. Falls sie anderen Menschen, die bereits die menschliche Hülle verlassen haben, nicht vergeben haben, hindert sie das wahrscheinlich bei ihrem Fortgang ins Licht.

Insbesondere zwischen Familienmitgliedern kann das emotionale Band so mächtig sein, dass dieses dunkle, zäh schwingende energetische Tau besonders stark und nicht fähig ist, sich in lichtvolle Energie zu transformieren.

Nicht-Vergebung bindet Menschen an zwei Welten gleichzeitig an. Dabei ist es egal, ob sich die Seelen bereits in der himmlischen Dimension befinden.

Während eurer irdischen »Ära« seid ihr – über alle Zeitalter hinweg – unzähligen menschlichen Wesen begegnet, die euch verletzt haben. Auch ihr selbst habt vermutlich keinen geradlinigen und stets ehrlichen Weg beschritten, ihr seid ebenfalls durch die Schule des Lebens gegangen und habt vielleicht eurerseits jemanden verletzt.

Euer Geist ist in diesem Körper aber momentan nicht in der Lage, sich an all das Unrecht und alle schlechten Situationen eurer diversen Inkarnationen zu erinnern. Ihr habt auf diesem Planeten viele Geschichten erlebt, die nicht immer glücklich ausgegangen sind. Mit der Übung weiter unten helfen wir euch, euch dieser Energien zu entledigen.

Vergebung ist wichtig. Sie bringt Erleichterung auf allen Ebenen. Anderen zu vergeben ist so wichtig, wie euch selbst zu vergeben. Lernt auch das. Immerhin habt ihr häufig durch unglückliche Situationen gehen müssen, damit eure karmischen Angelegenheiten abgearbeitet werden konnten. Ihr habt eurer Seele durch diese Geschichten einigen Schmerz bereitet.

Oft seid ihr deshalb auf die Erde gekommen, damit ihr einem anderen seine Eigenschaften verdeutlicht. Oft habt ihr in der Lichtwelt die Vereinbarung getroffen, gleichzeitig mit ihm oder ihr auf der Erde zu sein, damit ihr die schlechten Seiten spiegelt. Das hat natürlich zu Streit und Konflikten geführt, und eure Seele hat gelitten. Vielleicht leidet sie bis heute. Und möglicherweise ärgert sich auch der Betreffende bis heute über euch und ist wütend auf euch, obwohl ihr ihm als »Spiegel« für seine Entwicklung gedient habt. Das hat seine Entwicklung gefördert, seine geistige und emotionale Reife, und dennoch hat es dem Betreffenden nicht gefallen, weil er die Zusammenhänge nicht versteht.

Viele zwischenmenschliche Beziehungen sind durch Nicht-Vergeben geprägt. Das zieht sie zueinander, verschränkt ihre Energien und bindet euch.

Lasst eure Seelen frei leben und sich frei bewegen. Durchtrennt diese unangenehmen und belastenden Bänder, die euch nichts nutzen.

Unrecht gehört zu den tiefgreifendsten Gefühlen. Schließlich möchte jeder von euch vollkommen sein – und rein in der

Seele. Durch Unrecht erlebt die menschliche Seele eine tiefe Verzweiflung und Enttäuschung.

Reine menschliche Seelen vergeben, ihre Herzen kennen keinen Groll. Die meisten menschlichen Seelen tragen das Unrecht aber immerzu in sich, und mit der Zeit wächst es zu Ärger an, oft auch zu regelrechtem Hass.

Mit jedem Gedanken an den Menschen, der euch Unrecht getan oder verletzt hat, bindet ihr euch an seine Frequenz an. Ihr bindet euch an und bleibt praktisch ununterbrochen in dieser Verbindung. Die Seele des anderen empfängt eure Gedanken und geht mit euch in Resonanz.

Das bedeutet, der Mensch, über den ihr gerade schlecht denkt, fühlt sich in dem Moment nicht gut. Selbst wenn nach einer Weile Erleichterung einsetzt, so erfolgt sie nur teilweise, weil die energetischen Bänder überdauern.

Im umgekehrten Fall kommt es zur gleichen Reaktion. Wenn jemand schlecht an *euch* denkt, fühlt *ihr* euch dadurch gerade nicht gut.

Durch Vergebung, die von ganzem Herzen ausgesprochen und gefühlt wird, befreit ihr euch. Die Vergebung durchdringt mit ihrer positiven Kraft die Dimensionen, Zwischendimensionen, Räume und Zeiten, und eure Seele kann sich lösen. Sie wird bewusst aufsteigen können, und ihr erlangt mehr Herzenskraft.

Entscheidet euch dafür, höher zu steigen, und lasst zu, dass alle irdischen Geschichten, die ihr wie einen Film im Kino beobachten werdet, sich im Licht auflösen. Entscheidet kraft eures Willens, dass sie euch nicht mehr betreffen. Macht euch bewusst, dass ihr die meisten eurer Lebensgeschichten in der Lichtwelt selbst vorbereitet und geplant habt.

Der Planet Erde war für euch bis vor kurzem eine »Reinigungsstation«, und eure Seele hat dies zu ihrem Vorteil genutzt. Auch wenn eure Erlebnisse schmerzhaft waren, ist eure

Seele daran gewachsen und hat daraus gelernt, besser zu leben. Sie hat gelernt, aus diesen Situationen das Positive zu ziehen, egal ob euer Geist es anders wahrgenommen hat oder vielleicht immer noch tut.

Vereint Seele und Geist und vergebt den anderen und euch selbst. Die Energie der Vergebung hat eine schöne rosa Farbe. Alles, was mit Mitgefühl, Liebe und guten Gefühlen zusammenhängt, hat rosafarbene Nuancen, häufig gemischt mit goldener Farbe.

Schon in naher Zukunft werden solche Angelegenheiten wie Vergebung keine Bedeutung mehr für euch haben. Ihr werdet euch telepathisch verständigen, und dadurch werdet ihr erkennen, was den anderen belastet und welche Gedanken sich um ihn herum bewegen. Mit der Zeit lernt ihr dann auch, Gedanken zu *sehen*, und damit wird es kein Problem mehr für euch darstellen, den anderen *augenblicklich* zu verstehen.

Durch eure Vergebung helft ihr Menschen und Seelen, die nicht einmal ahnen, dass sie jemals etwas mit euch zu tun gehabt haben. Befreit sie und seid frei.

Gerade in dieser Zeit gibt es eine große Anzahl an Menschen auf der Erde, die früher einmal miteinander zu tun hatten und beschlossen haben, sich hier auf der Erde wiederzubegegnen und gegenseitig zu vergeben. Dies geschieht direkt in der physischen Form. Dadurch kommt es momentan sehr häufig zu eskalierenden Situationen.

Die Lichtwelt beobachtet, ob es zu einer Lösung in Edelmut und Frieden führt und ob die betreffenden Personen einander vergeben konnten.

Ihr, die ihr diese Zeilen lest, versteht die Gesetze des Universums sicherlich. Ihr versteht, dass man mit Hass nicht weit kommt und dass Hass immer wieder Hass bringt. Ihr versteht, dass man nur mit Liebe und Frieden einen stabilen Frieden und stabile Liebe auf eurem Planeten erreichen kann.

Ihr als bewusste Individuen könnt jetzt für euch und für andere menschliche Wesen und Seelen im Licht das folgende Ritual durchführen. Sofern ihr es wollt.

Ihr helft euch damit selbst, und ihr helft anderen. Durch diese Arbeit tragt ihr zur Festigung des Friedens und der liebevollen rosa-goldenen Energie auf dem Planeten bei.

Falls ihr diese Übung in einer Gruppe durchführt, erreicht ihr die Befreiung von mehr Individuen und mehr Seelen auf einmal. Wahrscheinlich wird die Konstellation eurer Meditationsgruppe nicht zufällig sein, und es finden sich Teilnehmer zusammen, die einander noch etwas zu vergeben haben …

Es gibt keine Zufälle.

Vorbereitung auf die Übung

Lege dir eine Kerze bereit, am besten eine weiße, die Reinheit symbolisiert.

Wenn du einen Rosenquarz besitzt, lege ihn für die Zeit deines Rituals symbolisch neben die Kerze. Du kannst ihn aber auch auf dein Herz legen.

Du kannst mit Hilfe des Rosenquarzes außerdem energetisiertes Wasser vorbereiten.

Lasse den Rosenquarz mindestens eine halbe Stunde lang in einem Gefäß mit Wasser ruhen. Du kannst das Gefäß in die Sonne stellen, damit dein energetisiertes Wasser eine strahlende rosa-goldene Frequenz bekommt. Fülle das aufgeladene Wasser dann in einen Zerstäuber um, und nach dem Ritual kannst du deine Aura zusätzlich mit dieser Essenz reinigen. Du kannst diesem Wasser auch verschiedene Aromaessenzen beigeben, die zur Reinigung der Aura geeignet sind. Zum Beispiel reinigt Rosenessenz die Aura sehr intensiv.

Das Ritual

Zünde die Kerze an.

Lege den Rosenquarz in deiner Nähe ab oder auf dein Herz.

Verbinde dich mit der Lichtwelt. Verbinde dich mit deinem Lichtbegleiter.

Verbinde dich mit uns, wenn du möchtest.

Wir sind alle verbunden und helfen dir in diesem Prozess.

Atme tief.

Sprich laut: »Hiermit öffne ich alle Dimensionen, Zwischendimensionen, Räume und Zeiten. Meine Absicht ist klar und rein.

Ich vergebe hiermit in diesem Raum und in dieser Zeit allen menschlichen Wesen und allen menschlichen Seelen, die mich verletzt haben. Ich vergebe jetzt und für die Ewigkeit. Ich vergebe von ganzem Herzen und von ganzer Seele.

Ich vergebe hiermit in diesem Raum und in dieser Zeit mir selbst dafür, dass ich meine Seele in Situationen gebracht habe, in denen sie verletzt wurde. Ich vergebe mir von ganzem Herzen. Jetzt und für die Ewigkeit.

Durch meine Vergebung befreie ich uns alle. Die dunklen energetischen Bänder zwischen uns lösen sich in Licht auf.

In meiner Seele breitet sich die rosa-goldene Farbe der Vergebung aus. Sie durchdringt meinen gesamten Körper, meine Aura und verbindet mich mit anderen menschlichen Individuen und anderen Wesen, die etwas Negatives mit mir zu tun hatten. Die rosa-goldene Farbe meiner Seele dehnt sich in alle Räume, Dimensionen, Zwischendimensionen und Zeiten meines Seins und meines Lebens aus.

Ich vergebe jetzt und in diesem Raum. Für die Ewigkeit.

Ich segne euch, ich segne mich.

Liebe und Licht durchdringen unser Sein.
Danke!«
Stelle dir vor deiner Brust das Zeichen der Unendlichkeit zur Bestärkung dieser wichtigen Information vor.
Atme tief und kehre in diesen Raum zurück.
Lasse alles noch einige Zeit wirken und reinige deine Aura danach mit der vorbereiteten Essenz.

Anmerkung der Autorin

Vergebung spielt für uns eine wichtige Rolle. Beim Schreiben dieses Kapitels habe ich die ganze Zeit gespürt, wie wichtig das Thema Vergebung ist. Als mir diese Zeilen diktiert wurden, haben sich goldene Sternchen über meinem Schreibblock bewegt. Ich habe körperlich und seelisch gespürt, dass schon beim Schreiben an mir gearbeitet wurde.

Ich danke dafür!

24

Ein Aufruf für die Zukunft

Fliegt im Geiste über euren Körper hinweg. Fliegt noch weiter nach oben in Höhen, in denen Vögel in wärmere Gefilde ziehen, und schaut euch an, wie schön euer Planet ist, wie vielfältig er ist. Die Natur hat keinen Makel oder Mangel. Wie interessant ist es, alles zu beobachten.

Fliegt über die Urwälder und wilden Flüsse dahin, fliegt über Hügel, Berge und Seen, in denen sich die Sonne spiegelt. Beobachtet menschliche Zivilisationen, die in der freien Natur auf verschiedenen Kontinenten leben, und fühlt ihre Verbundenheit mit der Natur. Beobachtet diesen Frieden.

Wie schön euer Planet ist! Nicht nur das Festland, so verschiedenartig und mannigfaltig, auch eure Meere und Ozeane. Die Unterwasserwelt birgt eine ganze Reihe unerforschter Geheimnisse und Tierarten, die ihr noch nicht entdecken konntet, weil die Ozeane 70 % der Oberfläche eures Planeten bedecken. Deshalb ist es fast unmöglich, die gesamte Breite und Tiefe der Ozeane zu erkunden.

Ihr sollt wissen, dass auf eurem Planeten nicht nur eine unerforschte Wasserwelt existiert, sondern auch eine unerforschte Welt auf dem Festland. *Oder sollen wir sagen, unter eurem Festland?* Schon oft haben wir Zivilisationen erwähnt, die im Inneren der Erde leben. Dabei hatten wir vor allem solche Zivilisationen im Sinn, die zu Unrecht euren Planeten besiedeln. Viele von ihnen befinden sich bereits auf dem Rückzug.

Aber im Inneren eures Planeten lebt auch eine Zivilisation, denen die Erde am Herzen liegt. Schließlich sind das die ursprünglichen Bewohner dieses Planeten!

Es ist eine Zivilisation, euch an Gestalt ähnlich, und doch unterscheidet ihr Aussehen sich deutlich von eurem. Seid nicht erstaunt: Sie gehören der reptiloiden Art an. Dennoch handeln sie auf einer sehr hohen Bewusstseinsebene, und wir arbeiten mit dieser Zivilisation oft zusammen.

Ihre Haut und ihr Gesicht sind Reptilen ähnlich, ihr Verhalten trägt teilweise tierischen Charakter. Trotzdem ist ihre Intelligenz auf einem sehr hohen Niveau, und sie sind eine der friedliebenden Gruppen unserer Galaxis.

Diese Zivilisation gehört zu den ursprünglichen Bewohnern der Erde. Auch sie wurden auf einer bestimmten Entwicklungsstufe auf euren Planeten gebracht und haben sich hier zur jetzigen Evolutionsform entwickelt. Die Zusammenarbeit mit ihnen war und ist für uns immer sehr freudvoll und voller Kooperation. Diese Zivilisation, die sich im Untergrund befindet, bewohnte und bewohnt nach wie vor in unberührten Gegenden des Planeten auch die Oberfläche der Erde. Zum Leben in ihrem Inneren wurde sie durch die menschliche Zivilisation genötigt, weil das Aussehen ihrer Mitglieder den Menschen so andersartig und dadurch gefährlich erschien.

Sie haben *ihr* Territorium verlassen und sich unter die Erde zurückgezogen, wo sie unauffindbar sind und sich in Bereichen eurer Natur aufhalten, in denen der Mensch sie ganz sicher nicht vermuten würde. Bislang weiß man in der Öffentlichkeit nicht besonders viel über sie, und es ist uns nicht möglich, uns detailliert über sie auszulassen, da wir sie dann in Gefahr bringen könnten.

Wir möchten nicht, dass diese Information zur Sensation wird und die menschlichen Mitglieder der irdischen Zivilisation sich auf die Suche nach ihnen begeben.

Eine solche Suche wäre auch keineswegs einfach, weil ihre Zivilisation sie zu Meistern der Visualisation gemacht hat. Sie arbeiten mit dem Unterbewusstsein, so dass ihr mit euren Sinnen den Eingang in ihre Welt überhaupt nicht bemerken würdet. Selbst wenn ihr davor stündet, würdet ihr eine komplett andere Realität wahrnehmen. Die Arbeit mit dem Unterbewusstsein nutzen sie zu ihrem Schutz.

Unsere Zusammenarbeit mit ihnen ist außerordentlich erfolgreich. Wir sind telepathisch und räumlich miteinander verbunden. Viele unserer Auserwählten sind zu ihnen unter die Erde gegangen, und so konnten wir Geräte in Betrieb nehmen, welche die unterirdischen Meridiane heilen. Dieser Zivilisation ist die Rettung der Natur am wichtigsten. Sie ist sich dessen bewusst, dass *dies* ihr Zuhause ist, und deshalb schützen sie die Natur und helfen ihr so gut es geht. Sie sind sich dessen bewusst, dass man ohne eine gesunde Natur nicht leben kann!

Ein großer Wunsch dieser Zivilisation ist es, wieder an die Erdoberfläche kommen und sich an der Sonne, an Wiesen und Wäldern erfreuen zu können. Ein weiterer großer Wunsch besteht in der Zusammenarbeit mit der menschlichen Gemeinschaft. *Sie wünschen sich, dass die menschliche Zivilisation sie aufnimmt.* Schließlich haben sie sich schon viel früher als die menschliche Rasse auf dem Planeten aufgehalten. Sie sind die ursprünglichen Bewohner dieses Planeten, und sie würden einfach nur gerne wieder so leben wie früher. Ohne Angst und Gefahr. Sie möchten an die Erdoberfläche kommen.

In Zukunft, in einer Zeit der durchleuchteten menschlichen Individuen, wird eine neue Situation entstehen. Die Toleranz der Menschen wird steigen. Ihre Herzen werden sich öffnen, und Liebe und Verständnis anderen gegenüber werden einen noch positiveren Charakter annehmen.

Damit ein Mensch sein Herz öffnen kann, ist es notwendig, dass er die gesamten Vorgänge und Prozesse auf diesem Planeten begreift. Er muss wissen, dass nicht nur der Mensch existiert, sondern dass es unzählige Zivilisationen gibt. Sei es auf diesem Planeten oder woanders. Es ist notwendig, dass er sich vor allem auf das Schöne und Wesentliche konzentriert, *darauf, warum er als Mensch überhaupt hier ist.*

Ein absolutes Verständnis der gesamten Situation, der Prozesse ... Wenn er sich selbst versteht, eröffnen sich ihm neue Horizonte. Das Verständnis anderen gegenüber wächst. Er versteht dann, dass er als Ganzes funktionieren muss, als Einheit mit der restlichen Welt. In der Einheit liegt die Kraft. Die Kraft aller. Die Kraft des Einen.

Auch wenn in Zukunft verschiedenste menschliche Gemeinschaften existieren werden – darin liegt eine wundervolle Vielfalt. Die Rasse Mensch wird dabei immer mehr eine Einheit bilden. Diese Einheit verbindet sich mit weiteren Gemeinschaften eurer Galaxis, und sie werden weitere Einheiten bilden. Nach und nach werden wir immer mehr sein, und so erfüllt sich der Wunsch der göttlichen Intelligenz – Frieden, Harmonie und Liebe zu leben. *Frieden, Harmonie und Liebe mit der Umwelt und mit sich selbst.*

Denkt in dieser Zeit an euch selbst. Seid euch bewusst, dass jede Hilfe, die ihr dem Planeten zuteil werden lasst, zu euch zurückkehrt. Bei eurer nächsten Inkarnation auf der Erde wird der Planet ein Stückchen schöner und freudvoller sein.

Ja, werdet euch dieser Worte bewusst und nehmt die Verantwortung für die Erde an. Jetzt und in diesem Raum!

Wir danken dir!

25

Ein paar Worte zur Physiologie eures Körpers

Wir möchten jetzt gern noch ein paar Sätze zur Physiologie eures Körpers verlieren.

Euer Körper verändert sich zu einem Lichtkörper. Euer Körper wird sensibler und erträgt keinerlei Belastungen mehr durch Elektrosmog, Verunreinigungen der Natur und der Luft. Euer Körper ist bereits, genau wie ihr, in die fünfte Bewusstseinsdimension aufgestiegen.

Eure Zellen haben dunkle Belastungen abgegeben, sie haben sich auf das Positive umprogrammiert und strahlen hell. Jede von außen kommende Negativität brächte sie aus dem Gleichgewicht, und deshalb wehrt nun jede Zelle dunkle Energien ab. Eure Zellen wollen sich dieses Licht, das sie in sich tragen, nicht mehr nehmen lassen und wehren sich, damit sie keine dunklen Elemente mehr aufnehmen.

Euer Körper, eure Materie, wird lichtvoll. Euer Gehirn schwingt jetzt in einer höheren Frequenz als früher, und eure Gehirnsynapsen können sich schneller miteinander verbinden. Eure Zirbeldrüse, in der geometrischen Mitte eures Kopfes gelegen, ist eine »Antenne« für die Anbindung an die Lichtwelt –

und bekommt immerzu Impulse und Informationen von der Lichtwelt und der kosmischen Energie.

Euer Körper verändert seine Physiologie. Eure hormonalen Prozesse verändern sich, die Lebensdauer eures Körpers wird länger. Eure Körper erleben momentan einen neuen Zustand. *Sie erleben die Anbindung ans Licht.* Es ist, als wäre ein altes Gerät repariert worden. Manche Teile des Gerätes wurden rekonstruiert und so eingebaut, dass es wie neu ist – und seine Lebensdauer hat sich durch diese Reparaturen verlängert. Für dieses rekonstruierte Gerät werdet ihr nur noch die besten Produkte verwenden, damit es nicht altert.

Versucht, mit eurem Körper so umzugehen wie mit einem frisch reparierten Gerät. Lasst nicht zu, dass es wieder beschädigt wird, und freut euch über seine neu gewonnene Schönheit und Funktionalität.

Euer Körper braucht das Beste, er *verdient* nur das Beste, damit das Licht eurer Zellen nicht wieder erlischt. Gebt ihm qualitativ hochwertige Nahrung und bedankt euch jedes Mal für dieses Essen. Schließlich ist Essen ein Werk der Natur, die es euch geschenkt hat. Durch das Bedanken oder Segnen des Essens nimmt es an Lichtfrequenzen zu.[4]

Eure Körper werden immer sensibler, was elektrischen und elektronischen Smog betrifft. Diese störenden Elemente töten eure lichten Zellen regelrecht ab.

Schützt euren Körper. Er trägt eure Seele in sich. Nur mit Hilfe eures Körpers schafft ihr es, die euch umgebende Welt zu verändern – die umgebende und damit *eure Welt.*

Jede Zelle in eurem Körper erlebt die Anbindung an das Licht intensiv, und oft kostet es sie viel Kraft. Bedenkt, was gerade geschieht: Der ganze Organismus wird neu program-

---

[4] Über das Energetisieren von Nahrungsmitteln mit Hilfe einer Pyramide haben wir im zweiten Buch der *Lichtbotschaften von den Plejaden* gesprochen.

miert. Eure Körper dürsten nach kosmischem Licht, genau so, wie ihr euch nach Sonnenlicht sehnt. Euer Körper erfährt durch das kosmische Licht umgehend Freude, Glück und Liebe. Haltet euch deshalb so oft wie möglich in der Natur auf und nehmt alle Elemente in euren Körper auf, die euch die Natur und der Kosmos bieten.

Eure glückliche Seele überträgt Licht auf euren Körper, so wie ein gesunder Körper eurer Seele Licht gibt.

Bedenkt also: Ihr befindet euch in einer ganzheitlichen Erneuerung des Körpers und zugleich in einer ganzheitlichen Erneuerung der planetarischen Situation. Ihr nähert euch dem Goldenen Zeitalter, und eure durchleuchtete, reine Seele trägt zur gesamten Heilung bei.

Schützt eure Häuser vor den negativen Einflüssen der heutigen Gesellschaft. Schützt eure Häuser auch vor physischen Einflüssen – das kann schon ein Überfluss unterschiedlichster Gegenstände sein – sowie vor künstlich erschaffenen Einflüssen, etwa den durch Medien übertragenen Informationen und Pulsen, die zu Unrecht gerade Zugang zu euren Häusern und eurem Unterbewusstsein finden.

Es ist notwendig, sich zu schützen, und zwar tagtäglich. *Schützt euch tagtäglich.* Diese Ermahnung geben wir sehr oft an euch weiter, damit ihr die Gefahren der negativen Einflüsse versteht. Durch das Alltagsleben vergisst man diese Gefahren »von außen« leicht, und dann rauben sie euch durch ihr Wirken im Unterbewusstsein klammheimlich das Licht in euren Zellen. Eure Zellen sind dann nicht mehr der Regeneration oder Zellteilung fähig.

Aus unserer Perspektive sehen wir euch als Lichtwesen – lichtvolle, strahlende Kugeln. Bei jedem Stress oder negativen Einfluss aus der Umgebung wird euer Licht schwächer. Ein ums andere Mal. Bei langem Sitzen vor dem ans Internet angeschlossenen Computer, vor dem Fernseher oder am Handy erleidet euer Licht Risse und ist nicht mehr ganz. Aber schon nach einem kurzen Aufenthalt in der Natur oder durch eure meditative oder spirituelle Arbeit schließen sich die Risse wieder, und euer Licht ist wieder vollkommen.

Licht wird für eure Materie zu eurer wahren Essenz. Eure Körper verjüngen sich, sie regenerieren und verbinden sich tagtäglich mit dem Licht des Kosmos. Jeder Rückfall ins Negative bereitet dem Körper Schwierigkeiten.

Die gesamtplanetarische Situation nach dem Jahr 2012 hat euch in neue Frequenzen aufsteigen lassen. Das ist es, was mit dem Begriff Aufstieg gemeint war. Ihr habt jetzt die Möglichkeit, diesen Aufstieg zu nutzen. Schwingt im Einklang mit eurer Erde, und ihr erhaltet die Gelegenheit, widerstandsfähiger, stabiler und lichtvoller zu sein als jemals zuvor.

Anmerkung der Autorin

Unser Körper braucht, vor allem in dieser Zeit, gesunde und qualitativ hochwertige Nahrung. Er bekommt eine neue Struktur, und unsere Matrix verbindet sich mit der kosmischen Welt. Das kostet uns große Kraft, aber wir können unserem Körper helfen, indem wir ihn nicht mit einem Übermaß an Speisen belasten und wirklich mit Maß und Ziel essen.

Auch ein kurzer Spaziergang an der frischen Luft hilft, weil der Körper dann an Vitalität gewinnt und Sauerstoff atmet, ohne den wir nicht auskommen könnten. In geschlossenen und dunklen Räumen ist es für unseren Körper nicht möglich, sich zu regenerieren und sich mit dem Licht zu verbinden.

Aus Erfahrung kann ich bestätigen, dass zum Beispiel Schüßler-Salze dem Körper sehr hohe Widerstandskraft verleihen. Immerhin sind das Mineralien, die er von Natur aus enthält. Er hat durch die momentan beständige Anbindung an die Lichtenergie oft einen Mangel an Mineralien und Nährstoffen, weil er sie in höherem Maß verarbeitet.

Vor dem Verwenden dieser Salze oder anderer Mineralstoffe könnt ihr sie, wie in Band 2 der Plejaden-Botschaften beschrieben, durch die Pyramide aufladen lassen.

26

Besinnung auf das Positive

Alles Geschehen in eurer Welt und in der Welt des Universums vollzieht sich in Form einer Spirale, und da ihr Menschen euch gerade am höchsten Punkt einer riesigen Spiralwindung befindet, ereignet sich genau dort auch euer planetarisches Geschehen.

Das aktuelle Geschehen auf dem Planeten Erde.

Ihr seid dabei, den Gipfel eurer evolutionären spirituellen Entwicklung zu erreichen. Viele menschliche Einzelwesen gelangen erst allmählich in den Strudel der Spirale und verbinden sich nur langsam mit dem Strom des Geschehens, aber das ist unbedingt erforderlich. Es ist unbedingt erforderlich, weil Mutter Erde, eure Natur, wieder zu ihrer Schönheit, Kraft und Stabilität zurückkehren möchte. Sie möchte euch wieder heilende Impulse übergeben, die euch nähren und ernähren. Euch alle ohne Ausnahme. Ohne Vorbehalt.

Euer Geschehen auf dem Planeten Erde bereitet sich auf einen krönenden Abschluss und ein Sich-Abtrennen von allem Schlechten vor. Die menschliche Zivilisation nähert sich tatsächlich dem »Goldenen Zeitalter« – jenes Goldene Zeitalter, auf das die menschliche Zivilisation so sehnlich gewartet und sich so lange vorbereitet hat.

Eure körperliche Hülle, die ebenso wie euer Geist durch den Strom der Erleuchtung geht, verbindet sich mit der Lichtwelt. Lass deinen Körper sich ausruhen, wenn er Ruhe braucht. Lass alles so fließen, wie es fließen soll.

Nimm das Geschehen, das zu dir kommt, mit Dankbarkeit an und nutze die Gelegenheiten und Situationen im Leben zur Transformation belastender Themen.

Nimm die Situationen im Leben mit Dankbarkeit an, denn sie lassen dich wachsen, und erlaube, dass sie die Dimensionen deines Seins ganz und gar durchdringen.

Klage nicht über das Schicksal und konzentriere dich auf das Positive. Programmiere deine Gedanken, die dich immerzu belasten, um. Bedanke dich bei deinen Gedanken dafür, dass sie dich wahrnehmen und erkennen lassen, was du in deiner Gedankenwelt veändern solltest. Schicke negative Gedanken in Dankbarkeit zurück an ihren Ursprung.

Momentan ist es sehr wichtig, dass jedes menschliche Individuum bei sich selbst beginnt. Jedes menschliche Individuum sollte anfangen, sich selbst umzuprogrammieren und das Positive auf weitere menschliche und tierische Einzelwesen zu übertragen. Auf Pflanzen und auf den Erdboden, auf dem ihr euch fortbewegt.

Ihr nähert euch dem Goldenen Zeitalter und lasst euch bei eurem Aufstieg in der Spirale nicht auf niedrigere Windungen zurückfallen.

Es ist unbedingt erforderlich, und das mehr als je zuvor, sich mit dem Licht der göttlichen Energie zu durchleuchten und die göttliche Energie in der Umgebung zu verbreiten.

Ihr steht an der Spitze der Spirale und lasst euren Fortschritt nicht mehr in die Tiefen der Unwissenheit, Blindheit und Taubheit fallen, so wie es in vergangenen Zeiten geschah.

Nehmt eure Entwicklung und die Entwicklung eures Planeten in eure Hände. Lasst euch nicht von den Fallen der dunklen Welt und der dunklen Menschen abschrecken, die noch immer versuchen, die Entwicklung auf diesem Planeten anzuhalten!

Ihr seid machtvolle Individuen, und ihr erzeugt eure Realität selbst. Stärker als je zuvor!

Verbindet euch mit der Lichtwelt, verbindet euch mit euren kosmischen Familien und übernehmt die Verantwortung für euer Handeln.

*Frieden mit euch,
Frieden mit uns!*

Anmerkung der Autorin

Beim Schreiben dieser Zeilen befinde ich mich am sonnigen Ufer des Indischen Ozeans. Ein wunderschöner Strand an der thailändischen Küste hat mich zum Aufatmen und zum Tanken neuer Kraft und Motivation eingeladen.

Die hiesige wunderschöne Natur strahlt deutlich spürbar die Unberührtheit von der menschlichen Zivilisation aus. Die Natur ist hier machtvoll, und die Naturgesetze funktionieren so, wie Mutter Erde sich das wünscht.

Ursprünglich wollte ich mich hier nur vom bisherigen Empfang der Lichtbotschaften für dieses Buch ausruhen, aber schon nach wenigen Tagen hat meine kosmische Familie sich wieder gemeldet und mich dazu bewegt, eine weitere Botschaft niederzuschreiben.

Noch niemals war mir so klar wie jetzt, dass es einzig an uns Menschen liegt, welche Zukunft wir wählen. Kein anderer kann die Verantwortung für uns übernehmen. Das wird nie geschehen. Wir müssen es selbst tun. Jeder von uns muss »für sich allein«, für sich ganz persönlich, eine Bewusstseinsentwicklung durchlaufen.

Wir haben das Privileg, in dieser bedeutenden Zeit voller Veränderungen zu leben, und wir haben die Möglichkeit, unsere Lebenssituation zum Besseren zu verändern. Wir haben die Möglichkeit, den nächsten Generationen zu zeigen, welches Handeln richtig ist.

Ganze Jahrhunderte lang hat die menschliche Zivilisation wie unter einem energetischen Dämmfeld gelebt, das ihre Kräfte schwächt. Aber jetzt, in dieser Zeit, sind *wir*, ist *unsere* Generation, auf den Planeten gekommen!

Ist das nicht wunderbar?

Lassen wir uns nicht entmutigen und lasst uns über den »Problemen« stehen, die oft gar keine Probleme sind. Lasst uns die Schönheit der menschlichen Seele wieder in den Fokus stellen und bei unseren menschlichen Kollegen die *Reinheit der Seele* und die *Reinheit des Herzens* wahrnehmen.

Konzentrieren wir uns auf die Schönheit und Vielfalt der Welt. Erbauen wir für unsere Kinder, deren Kinder und die nachfolgenden Generationen ein wunderschönes und sicheres Zuhause auf diesem Planeten.

Wie oft ist mir mitgeteilt worden, dass der Planet Erde und die menschliche Zivilisation zu den Juwelen unserer Galaxis gezählt werden. Lasst uns diesen Schatz behüten.

Lasst uns gemeinsam seinen Glanz und seine unendliche Schönheit zur Blüte führen!

27

Das Gute siegt

Mit den folgenden Worten möchten wir euch unseren Dank aussprechen. Ja, euch. Genau euch.

Du, der du dieses Buch liest, bist einer von denjenigen, die jetzt die Verantwortung für sich selbst übernehmen. Die Verantwortung für sich selbst und die Verantwortung für andere. Durch das Lesen der Texte in diesem Buch hast du dich an das positive kollektive kosmische Bewusstsein angebunden. Du hast dich mit all den anderen liebevollen Individuen deines Planeten und anderer Welten verbunden.

Du hast bereits durch das bloße Lesen ein morphogenetisches Feld dieses Wissens um dich herum erschaffen.

Des kosmischen Wissens.

Alle Worte, die in diesem Buch enthalten sind, sind frequenzmäßig positiv aufgeladen. Alle Worte, egal welchen Charakter sie tragen, sind mit einer positiven Frequenz aufgeladen, mit der Liebe und dem Licht des Universums.

Unsere Galaxis wird von *allen* profitieren, die durch den Kontakt mit diesem Buch morphogenetische Felder und Wolken des Lichts und der Liebe um sich herum geschaffen haben. Jedem Leser strömt beim Lesen eine unzählige Menge an Engel- und anderen Lichtwesen zu. Ihr, die ihr diese Zeilen lest, strahlt geradezu und negative Angelegenheiten entfernen sich von euch und die negativen energetischen Schichten, die euch an eurer spirituellen Entwicklung gehindert haben, blättern ab wie die Schalen einer Zwiebel.

Viele von euch haben beim Lesen sicherlich die unterschiedlichsten Empfindungen gehabt. Ihr habt gefühlt, dass etwas passiert und etwas sich abspielt. Bei vielen von euch ist eine energetische Reinigung vonstatten gegangen, die schon lange auf sich hat warten lassen.

Jeder Leser hat um sich herum eine wunderschöne Energie erzeugt, die strahlend und hell ist.

Ihr habt eure Lichter miteinander verbunden, ohne dass ihr es bemerkt habt. Euer Licht und euer Strahlen nimmt ungeahnte Ausmaße an.

Diejenigen, die jetzt an sich arbeiten oder schon vorher an sich gearbeitet haben, spüren wahrscheinlich, wie die Frequenz steigt, wie Telepathie und Intuition sich zu entwickeln beginnen. Viele von euch können die Gedanken anderer schneller erspüren als früher.

All das Wissen aus unseren Texten hat dank euch wunderschöne morphogenetische Felder erschaffen, die auf diesem Planeten und im Universum ihren energetischen Abdruck hinterlassen haben. An diese Felder könnt ihr euch, liebe Leserinnen und Leser, jederzeit anbinden, um euer Wissen zu festigen und zu vertiefen. Jederzeit. Eure Absicht und eure Verbindung sind schon jetzt stark genug, um jederzeit Zugang zu diesen Informationen zu erhalten.

Unser Lichtrat ist sehr glücklich darüber, wie vielen Menschen es dank dieser Texte bereits gelungen ist, sich mit uns zu verbinden und mit uns zusammenzuarbeiten. Auf dem ganzen Planeten wirken Mitglieder des Kosmischen Rats auf menschliche Individuen. Wir stehen alle in Verbindung, und wir haben alle telepathischen Kontakt untereinander.

Dank euch Lesern und allen Gleichgesinnten, die mit uns und den anderen liebevollen Zivilisationen zusammenarbeiten, erhöht sich das spirituelle Bewusstsein *von euch allen*.

Das negative kollektive Bewusstsein ist teilweise bereits zum Positiven hin umprogrammiert worden.

Bis vor kurzem gab es ein negatives kollektives Bewusstsein, das in Form einer dunklen energetischen Schicht euren gesamten Planeten umgab. Diese Schicht hat ihr Aussehen verändert. Sie ist nicht mehr so dunkel, sie wird heller, und es beginnen sich Risse in der Schicht zu bilden, die vorher ein einziger dunkler, zäher Nebel war. Die ganze Struktur dieser energetischen Wolke beginnt brüchig zu werden.

Jeder positive Gedanke und jede positive Emotion reißt diese dunkle Struktur immer weiter ein und verleiht ihr mehr Helligkeit. Doch im Gegenzug hilft ihr jeder, wirklich jeder negative Gedanke und jede negative Emotion, sich erneut zu verbinden und dunkel zu werden.

Mit eurer Freude und eurem Glück helft ihr dabei, diesen dunkel schwingenden Nebel aufzulösen und in Licht zu transformieren, und in vielen Teilen dieses Nebels beginnen sich schon bunte Teilchen zu bilden, die verstärkt dunkle Schatten auflösen. Sie programmieren das Negative um.

Mit jedem Ausdruck eures liebenden Herzens, mit jedem spirituellen Fortschritt, helft ihr bei der Umprogrammierung aller negativen Programme auf diesem Planeten ins Positive.

Es ist wie in den Märchen: Das Gute siegt über das Böse. Und tatsächlich musste das Gute lange auf seine Rückkehr warten. Es gelangt gerade erst wieder an die Oberfläche, aber die Hoffnung und Liebe, die ihr in euch tragt, werden es niemals mehr in den Hintergrund treten lassen.

Das Gute drängt an die Oberfläche, verbindet sich mit euch allen und ruft in euch allen Mitgefühl und liebevolles Fühlen hervor. Es lässt euch dieses Mitgefühl spüren, verbindet euch miteinander und gibt euch die Möglichkeit, eure verlorengegangene Essenz wiederzufinden. Eure Essenz musste sich lange Zeit verstecken, aber sie hat immer gewusst, dass das Gute und die Liebe siegen. Sie hat gewartet und in der Zwischenzeit Kräfte gesammelt. Das Gute hat sie stets besänftigt und stabil gehalten.

Jetzt beginnt das Königreich eures Planeten wieder an Glanz und Schönheit zuzunehmen. Das Gute verbreitet sich in allen Bereichen eurer Häuser.

Viele menschliche Individuen werden feststellen, dass sie eigentlich nicht viel zu ihrem Glück brauchen. Sie werden feststellen, dass Liebe und Güte, die ihnen Glück bringen, das Wichtigste sind. Sie werden feststellen, dass die unterschiedlichsten Gegenstände Liebe im Herzen nicht ersetzen können, und sie werden beginnen, sich mehr an ihr Herz und ihren Geist zu wenden. Ungesundes Denken löst sich dadurch in Licht auf und wird sich nicht mehr an euch anbinden. Eure Seele wird exakt und augenblicklich erspüren, welches Denken ihr gut tut und welches nicht.

Sie wird negatives Denken nicht mehr zulassen.

Wir wissen, dass die Vision, die wir euch gerade mitgeteilt haben, für viele noch in ferner Zukunft liegt. Ihr sollt aber wissen, dass der energetische Abdruck dieser Vision für die menschliche Gemeinschaft schon programmiert ist.

Und viele können es auch bereits leben!

Viele können es bereits leben, denn diese Vision existiert energetisch schon, und ihr nähert euch ihr unaufhaltsam. Es ist nur eine Frage der Zeit, bis alle sich danach ausrichten. Dieses Programm und diese Vision hat die göttliche Intelligenz schon für euch programmiert und sie stehen fest. Die menschliche Zukunft ist bereits positiv programmiert.

Sie ist auf Glück, Liebe, Freude und Harmonie programmiert. Es kommt jetzt nur noch darauf an, mit welcher Geschwindigkeit und auf welche Weise sich die gesamte menschliche Zivilisation diesem lange ersehnten Ziel nähert.

Wir, die Mitglieder des lichtvollen Kosmischen Rates, wissen, dass der Prozess der »kosmischen Bewusstseinsrevolution« schon in vollem Gange ist und euch nichts mehr aufhalten kann. Nichts kann euch daran hindern, eure Schritte vorwärts zu machen. Ihr schreitet einer glücklichen Zukunft als unbeschriebenes Blatt entgegen.

Wir danken euch für eure Bemühungen und für euren Fleiß und eure Arbeit. Unzählige Male haben wir geschrieben, dass eine Bewusstseinsentwicklung *ohne euch* nicht stattfinden kann. Ohne euch würde es wirklich nicht gehen. Wir sind glücklich, Hand in Hand mit euch gehen zu dürfen.

Für die gesamte Lichtwelt ist es wichtig, auf diesem Planeten »Vermittler« zu haben, die unsere Impulse manifestieren. Jetzt kommt es darauf an, dass so viele menschliche Individuen wie möglich bereit sind, unsere Impulse zu übernehmen und danach zu handeln. Es ist uns noch nicht erlaubt, physisch in euer Geschehen einzugreifen. Wir können, genau wie die ganze Lichtwelt, nur energetisch und durch die morphogenetischen Felder für euch handeln. Umsetzen könnt das einzig ihr. Darauf läuft es hinaus ...

Das Geschehen auf dem Planeten Erde habt ganz allein ihr, die Mitglieder der menschlichen Zivilisation, in der Hand. Ihr werdet die Entwicklung machen, die ihr in der Lage seid zu ertragen. Auch wird eure Entwicklung nur so schnell vonstatten gehen, wie ihr es zu ertragen und zu erfassen fähig seid.

Die gesamte Lichtwelt freut sich momentan unglaublich darüber, dass die Zahl der lichtvollen Individuen, der »Vermittler«, zunimmt und ihr die Impulse, die ihr erhaltet, in die menschliche Sprache dekodiert oder direkt in Taten umsetzt. Die Lichtwelt übergibt euch die Impulse der göttlichen Intelligenz, und alles verläuft nach Plan.

Das Gute siegt über das Böse. Die göttliche Vision des Guten, des Glücks und der Liebe realisiert sich unaufhaltsam.

Wir danken euch allen. Wir bestärken euch weiterhin mit Liebe und Licht. Wir bestärken euch täglich, und es genügt uns, dass ihr diese Tatsache erkennt und die Geschenke der Lichtwelt mit soviel Freude annehmt.

Wir sind mit euch verbunden, und das erfüllt uns mit unbeschreiblicher Freude und mit Glück. Ihr nähert euch uns bewusstseins- und frequenzmäßig.

Wir tragen euch in unseren Herzen und verlassen euch nicht. Im Gegenteil. Wir freuen uns mit euch auf die strahlende und großartige Zukunft, die euch erwartet.

Die kosmischen Familien verbinden sich untereinander. Sie werden zusammenarbeiten und einander helfen.

Auf euch wartet eine kosmische Welt voller Liebe, Farbenreichtum und Harmonie. Verschiedenste Völker, unterschiedlichste Wesen und Lichtwesen.

Das Ziel wird erreicht. Harmonie und Liebe zwischen allen.

Wir wünschen euch auf diesem gemeinsamen Weg viel Erfolg und Selbsterkenntnis.

Wir wünschen euch, dass ihr immerzu unsere Liebe zu euch und unsere Verbundenheit mit euch fühlt.

Wir wünschen euch, dass eure Kinder glücklich sind und es ihnen gelingt, so bald wie möglich in einer liebevollen und übersichtlichen Zeit zu leben.

Wir wünschen euren Kindern, dass sie liebevollen menschlichen Wesen begegnen, die ihnen helfen, durch ihre irdische Inkarnation zu gehen.

Wir wünschen euren Kindern, die Liebe der Lichtwelt zu fühlen, welche sie umgibt und niemals verlässt.

Wir wünschen ihnen, dass sie so bald wie möglich ihre Selbstliebe und die Liebe zu anderen Wesen der menschlichen und lichtvollen Gemeinschaft entdecken.

Wir wünschen ihnen, dass sie euch im Erwachsenenalter eine Stütze sind und weitere »Vermittler« zwischen der menschlichen und der lichtvollen Gemeinschaft werden.

Wir möchten, dass sie so gut wie möglich durch die Lichtwelt geführt werden und ihre Essenz entdecken.

Eure Kinder, eure Zukunft!

Wir wünschen euch allen eine glückliche gemeinsame Reise durch die irdische Inkarnation. Wir sind mit euch, verbindet euch jederzeit mit uns.

Wir verabschieden uns auf diesem Wege von euch, aber in unseren Herzen sind wir immer verbunden.

Liebe und Licht verbinden uns.

In Ehre und Dankbarkeit!
Vertreter des lichtvollen Kosmischen Rats
und der plejadischen Gemeinschaft

Frieden mit euch!
Frieden mit uns!

Nachwort

Liebe Leserinnen und Leser,

auch ich verabschiede mich von euch. Es war wieder einmal wirklich schön, beim Scheiben dieser Texte die Energie der Plejader wahrzunehmen.

Ich habe auch die Energie von euch Lesern, die ihr mit den Texten der vorhergehenden Bücher arbeitet, gefühlt. Wir sind in Verbindung. Alle.

Vor dem Schreiben dieses Buches wusste ich nicht so recht, um welche Themen es gehen würde. Ich war selbst neugierig, was uns die Plejader diesmal beibringen und was sie uns erklären würden. Aber wieder hatte ich bei der Niederschrift und beim »Übersetzen« der Botschaften diese Gefühle des Glücks, genau wie bei der Entstehung der vorherigen Bücher. Und doch waren meine Gefühle teilweise anders.

Sie waren intensiver, und ich habe mit jedem übertragenen Wort und mit jeder Botschaft gespürt, wie wichtig es den Plejadern ist, uns mitzuteilen, dass das Gute zurückkehrt und die Hoffnung auf eine positive Zukunft ständig wächst.

Oftmals habe ich gespürt, dass sie am liebsten mehrere Botschaften auf einmal mitteilen würden, damit wir so viel wie möglich erfahren, und zwar so schnell wie möglich. Durch dieses Buch haben sich bei mir die Gefühle der Hoffnung verstärkt, und es ist mir noch klarer geworden, wie wichtig jedes positive menschliche Individuum für uns alle ist.

Wir nähern uns unserem neuen Goldenen Zeitalter – und das unaufhaltsam!

Ich bin den Plejadern unendlich dankbar für ihre Botschaften und für die Energie, mit der sie uns durch diese Zeit begleiten. Wir brauchen diese Energie!

Ich kann an mir und an anderen, die spirituell an sich arbeiten, beobachten, welch große Schritte vorwärts, manchmal sind es geradezu Sprünge, wir machen, und ich sehe, dass die Lichtwelt eine wichtige Aufgabe für uns hat.

Nicht in der Entwicklung stehen zu bleiben und nach vorne zu gehen. In die Zukunft des Goldenen Zeitalters!

Ich danke euch, liebe Leserinnen und Leser, für eure Begleitung, für eure Zeit und für die Arbeit, die ihr für euch und für andere leistet.

Ich danke euch für die vielen Briefe und Emails, in denen ihr mir euren Dank und eure Gefühle und Erfahrungen bei der Arbeit mit diesen »lichtvollen« Büchern mitgeteilt habt.

Ich danke euch allen!

Jetzt wünsche ich euch Liebe, Licht und Glück in eurer irdischen Inkarnation. Ich schicke euch allen eine große Portion Mut und Durchhaltevermögen für eure persönliche Bewusstseinsentwicklung.

Ich verabschiede mich mit denselben Worten wie unsere plejadischen Begleiter:

»Liebe und Licht verbinden uns.«

In Dankbarkeit
Pavlina

Danksagung

Immer, wenn ich die Danksagung schreibe, bin ich sehr gerührt. Gerührt, dass ein weiteres Buch vollendet ist und ich meine Arbeit beendet habe.

Es ergreift mich, wie viele Menschen dank meiner Bücher in telepathischer Verbindung mit mir stehen und wie viele mich immerzu motivieren.

Ich danke euch, liebe »Vermittler«. Ich danke allen meinen Lieben, die mich durch diese irdische Inkarnation begleiten, mein Leben mit ihrer Anwesenheit bereichern und Impulse bringen, die ich für meinen Lebensweg brauche.

Ich danke meiner ganzen Familie und meinen drei Töchtern Nicole, Pauline und Vanessa, die mir das Gefühl von Sicherheit und Halt auf diesem Planeten geben. Ich danke ihnen für ihr Vertrauen in mich.

Meine älteste Tochter Nicole hat ihre Aufgabe als Übersetzerin wie immer mit Bravour gemeistert. *Ich danke dir für deine Zeit und für die Übersetzung der Texte, welche die Energie der Plejader genau so in sich tragen, wie ich es mir vorgestellt habe, als ich sie empfing.*

Ich danke meinem Lebenspartner Christian für seine Motivation. Dank seines Zuhauses in einem wunderschönen Gebiet der Alpen habe ich die meisten Texte dieses Buches im Schoß einer unberührten Natur niedergeschrieben.

Und ich danke allen Lichtwesen für die Verwirklichung aller Begebenheiten, die zu meinem persönlichen Wachstum und zur Entstehung dieses Buches beigetragen haben.

Unendlich großer Dank gebührt auch meinem Verleger Michael Nagula und seiner Lebenspartnerin Heike Ceska, ohne die die Lichtbotschaften der Plejader keine physische Form als Bücher angenommen hätten. Ich danke ihnen für ihr Vertrauen in mich und für ihre Arbeit, die sie mit Liebe und Dankbarkeit im Herzen verrichten. Die wunderschönen Titelbilder, die Michael für alle meine Bücher organisiert hat, sind ein Zeichen dafür, mit welcher Liebe fürs Detail er arbeitet.

Dank meinem Verleger ist mein Kindheitstraum, Autorin zu werden, Wirklichkeit geworden.

Euch allen danke ich von ganzem Herzen!

Ich danke euch für euer Sein und sende allen eine lichtvolle und liebevolle Umarmung.

Mit Liebe im Herzen,
Eure

Paulina

ANHANG

Wie eigentlich alles begann

Liebe Leserinnen und Leser!

Der nachstehende biografische Text war von mir eigentlich nicht vorgesehen, aber auch dieses Buch haben wieder meine Engel und Lichtbegleiter geschrieben. Ich war ihr »Helfer und Übersetzer«, der euch ihre Informationen weitergibt. Und wieder haben wir, wie schon beim ersten Buch, nur drei Monate daran gearbeitet. Alles ging mit atemberaubender Geschwindigkeit, genau so schnell, wie *sie* sich bewegen.

Und wieder habe ich bis zum letzten Augenblick, bis wir mit den Channelings fertig waren, nicht gewusst, wie jeder Absatz oder die einzelnen Kapitel aussehen oder lauten werden. Sogar in Thailand wurde ich noch von weiteren Informationen überrascht. Für mich ist das Ergebnis deshalb eine ebenso große Überraschung wie für euch.

Schon gleich zu Beginn der Niederschrift wurde mir allerdings gesagt, dass bei nächster Gelegenheit auch etwas Biografisches entstehen sollte. Außerdem hatte ich immer wieder Anfragen von Lesern bekommen, die wissen wollten, wie ich zum Channelmedium wurde und vor allem zum Medium der Sternenwesen von den Plejaden – und als der Empfang der

Lichtbotschaften abgeschlossen war, meldeten sich meine Engel und Lichtbegleiter noch einmal mit diesem Wunsch: den Lesern etwas über mich zu erzählen ...

Nun, das will ich gerne tun – zurückblicken und euch erzählen, wie eigentlich alles begann, wie ich zum Medium wurde, und dabei erscheint mir alles fast unaussprechbar schön, und ich habe das Gefühl, dass sich mein Leben wie in einem zauberhaften Märchen entwickelt hat.

Die Geschichte beginnt in einer Zeit, in der ich angefangen habe, mich intensiv an meine Engel und Lichtbegleiter zu wenden. Alles hat sich mit atemberaubender Geschwindigkeit verändert. Eben genau so schnell, wie *sie* sich bewegen ...

Ich wurde im Jahr 1970 in einem kleinen tschechischen Ort im Süden des Riesengebirges geboren.

Gemeinsam mit meiner Familie wuchs ich in einem Haus auf, in dem Oma und Opa und die Familie des Bruders meiner Mutter wohnten. Meine Großeltern führten die Familienfirma, sie hatten eine Messerschleiferei.

Die Stunden in der Werkstatt mit meiner Oma habe ich geradezu vergöttert. Sie war immer in meiner Nähe, bei ihrer Arbeit hat sie mir Geschichten erzählt, und ich durfte Kunden bedienen. Ich habe den Gesprächen der Erwachsenen gerne zugehört und war sehr stolz darauf, dass ich sozusagen zu ihnen gehörte. Meine Oma habe ich über alles geliebt. Ich habe sie so innig geliebt wie meine Mutter. Beim Tod meiner Oma, als ich noch ein Kind war, glaubte ich, dass es mir vor Trauer um sie schier das Herz zerreißt.

Als ich fünf Jahre alt war, wurde mein geliebter kleiner Bruder geboren, und unsere ganze Familie zog in ein neu gebautes Haus um. In unserer Straße wohnten damals sehr viele Kinder, und ich fand jede Menge guter Kameraden und Freundschaften, die bis heute andauern.

In der Schule war ich zwar eine prima Schülerin und hatte auch keinen Mangel an Freundinnen, aber es belastete mich, wenn es in der Schule zu Spannungen oder Streitigkeiten kam. Die gesamte Schulzeit über dachte ich, dass ich in diese grausame Welt nicht hineingehöre, und wenn ich dann nach Hause kam, war ich immer ausgesprochen erleichtert. Ich habe niemals zu den wilden und lauten Kindern gehört. Toben war nicht so meins. Ich hatte meine Welt und die Tiere, die mir für mein »Glück« absolut ausreichten.

Als ich etwa acht Jahre alt war, begannen manchmal Dinge zu geschehen, die ich mir nicht erklären konnte. Meine Hände und Finger wurden von Zeit zu Zeit so glühend heiß, dass ich nicht mehr wusste, was ich mit ihnen anstellen sollte. Ich hatte absolut keinen Schimmer, was das vielleicht bedeuten könnte. Wenn ich irgendwelche Kleidungsstücke nähte oder Socken strickte, was seinerzeit zu den normalen Haushaltstätigkeiten gehörte, verrostete die Nadel, die ich in der Hand hielt, innerhalb weniger Minuten.

Meine Mama wusste ebensowenig, was davon zu halten war, warum meine Hände so brannten, und brachte mir zur Abkühlung immer eine Schüssel mit kaltem Wasser. Eine Weile half das auch, aber ich habe instinktiv gewusst, dass etwas völlig anderes dahinterstecken musste, und begann innerlich danach zu suchen, ohne zu wissen, wonach. Etwas trieb mich ständig an, und sicher war es schon ein früher Hinweis, dass jegliche Informationen über Geheimnisse oder Heilerfähigkeiten anderer Menschen mich unglaublich faszinierten. Aber nie stellte ich einen Zusammenhang her.

Damals war es übrigens gar nicht so einfach, Informationen über solche Themen zu bekommen. Derartige Bücher und Themen waren verboten. Meine Kindheit spielte sich nämlich in einer Zeit des äußerst strengen Kommunismus ab. Alle *mussten* gleich sein, *kein* Mensch durfte »aus der Reihe tanzen« und eigenen Ansichten haben. Wie hätte dann jemand Informationen über Heiltechniken veröffentlichen können? Es hätte bedeutet, das sozialistisch-kommunistische Gesundheitswesen abzulehnen! Undenkbar!

Wenn ich heute meine Kindheitsgeschichte meinen Kindern oder meinem Lebensgefährten erzähle, der im »westlichen« Deutschland aufgewachsen ist, erscheinen ihnen meine Erinnerungen vollkommen unbegreiflich und absurd. Sie können sich nicht vorstellen, dass wir alle in unserem geliebten Land schlichtweg *eingesperrt* waren, ebenso körperlich wie gedanklich. Wir wussten, dass wir unser Leben lang keine fremden Länder würden besuchen können, und wer es dennoch versuchte und von der Grenzpolizei aufgegriffen wurde, den hat man bestenfalls ins Gefängnis gesteckt, manchmal aber auch *auf der Stelle erschossen!*

Die Familien und Verwandten solcher Flüchtlinge hatten bis zu ihrem eigenen Lebensende immer nur »Pech« – dafür hat die Regierung dann schon gesorgt.

Das Schicksal wurde nicht vom Leben selbst bestimmt, sondern von den Herrschenden ...

Informationen darüber, was sich in der Außenwelt abspielte, hinter dem Eisernen Vorhang, wurden uns vorenthalten. Unsere ausländischen Nachbarn waren so nahe und doch so fern ... Und Amerika? Das war für uns so weit entfernt wie das Gestirn des Orion! Die einzigen Informationen, die wir über unsere westlichen Nachbarn bekamen, waren negativer Natur, damit es für uns so aussah, als würde sich unsere sozialistische Regierung wunderbar um uns kümmern und es sich um ein Privileg handeln, hier leben zu dürfen!

Auch wenn ich eine schöne Kindheit hatte und meine Eltern ständig versuchten, einen gewissen Standard aufrechtzuerhalten, gab es manche Sachen bei uns äußerst selten. Orangen sahen wir nur einmal im Jahr zu Weihnachten, für Toilettenartikel und verschiedene Lebensmittel musste Schlange gestanden werden, jede Familie bekam ein festes Kontingent. Wenn ein Mensch in ein Lebensmittelgeschäft ging, fand er dort meistens nur die wichtigsten Grundnahrungsmittel vor. Und die nicht immer. Das galt auch für andere Waren. Geschenke für Weihnachten mussten wir buchstäblich »suchen«, denn die Regale waren leer … und so wuchsen wir in einem ständigen Gefühl des Mangels auf. Des Mangels an allem. Wer die zweitägige Schlange für einen Fernseher oder eine Waschmaschine ausgestanden und diese Geräte dann auch wirklich zu kaufen bekommen hatte, war ein richtiger König.

Die Geschichte unserer Nation und unseres Staates wurde teilweise so »optimal« umgeschrieben, wie es dem kommunistischen Lager gerade passte. Wir gingen Hand in Hand mit der Sowjetunion, wir lernten, dass die sozialistischen Länder und die darin lebenden Menschen richtige »Glückspilze« sind und dass die kapitalistischen Länder und alles, was damit zusammenhing, »Abfall und das größte Gesindel« war. Wer in dieser Zeit lebte, kann sich jetzt wie ich mit einer gewissen Nostalgie zurückerinnern.

Leider hat es allzu viele menschliche Schicksale ruiniert.

Als kleiner Knirps wusste ich bereits, dass ein Teil meiner Familie aus Frankreich stammt. Aus Frankreich! Wie das für mich klang – und welch unerreichbares Ziel das war!

Wie sollte ich es jemals schaffen, nach Paris zu reisen? Wie sollte ich das nur anstellen? Ich spürte ein so starkes Band zu diesem Staat, zum französischen Volk, zu deren Sprache und den Bewohnern von Paris, dass es mich mit großer Trauer erfüllte, mir dieses Land und all die Menschen dort niemals anschauen zu dürfen.

Und so begann ich, mich zumindest in Gedanken und mit meiner Seele mit Paris zu verbinden.

Ich denke, dass meine Seele nachts, wenn sie reisen konnte, wohin sie wollte, tatsächlich in Paris war. Das war eines der nächsten Erlebnisse, die mich darin bestärkten, dass es *mehr* zwischen Himmel und Erde gab ...

Eines Morgens erwachte ich und erinnerte mich sehr lebhaft an einen Traum. Ich erinnerte mich, dass ich um den Eiffelturm herspazierte. Es war absolut lebendig. Das Einzige, was mich irritierte, war eine ganze Reihe von Springbrunnen, die ich in der Umgebung des Eiffelturms sah und an die ich mich aus den Schulbüchern und von Bildern her nicht erinnern konnte. Aber noch am selben Abend schaute mein Papa Nachrichten, und ich sah zufällig einen Beitrag aus dem Ausland. Zum Anlass des 100-jährigen Bestehens des Eiffelturms hatten die Pariser in seiner Nähe mehrere Fontänen erbaut.

Und noch etwas drückte meine Verbundenheit aus: Manchmal, wenn meine Mama mich morgens wecken kam, redete ich auf Französisch auf sie ein, obwohl ich es bis heute nicht geschafft habe, diese Sprache zu lernen!

Nun, mein Leben ging weiter. Ich besuchte ein Gymnasium, dann arbeitete ich zwei Jahre lang als Sekretärin in einer der Fabriken unserer Stadt. Und als 19-Jährige folgte ich meiner ersten großen Liebe nach München.

Nach enormen revolutionären Veränderungen in unserem kleinen Staat waren gerade die Grenzen gefallen. *Freiheit!* Abschiede waren für mich damals kein Thema, ich folgte meiner ersten Liebe in die Freiheit. In die Meinungsfreiheit und die Freiheit meiner Person. Nichts anderes wollte ich!

Damals ahnte und wusste ich noch nicht, dass ich unbeschreibliches Heimweh bekommen würde.

Es gab kein Zögern. Ich packte meine zwei Taschen, kaufte mir ein Zugticket, und weg war ich. Wahrscheinlich bereitete ich meiner Familie damit Schmerzen, aber meine Mama war eine sehr weise Person und wusste, dass mich in Deutschland eine bessere Zukunft erwarten würde. Dort musste ich nicht nach einem missglückten kommunistischen Regime erst durch eine Zeit des Chaos gehen. Und bestimmt habe ich durch mein Fortgehen meinen drei Töchtern, die in Deutschland geboren wurden, eine schöne Zukunft gesichert!

Die Anfänge hier waren aber sehr schwer. Keine Sprachkenntnisse, der Verlust der Heimat, eine neue Familie und ein Mangel an finanziellen Mitteln. So ist es für fast jeden, der in ein fremdes Land kommt. Man muss sich erst einleben, herausfinden, wie der Staat überhaupt strukturiert ist, und vor allem – man muss eine fremde Sprache lernen! Das ist keine Sache von Wochen, sondern von Monaten und Jahren, bis ein Mensch sagen kann, jetzt spreche ich gut! Aber ich habe hier neue Freunde gefunden, das ist jetzt mein Zuhause, und ich fühle mich in Deutschland gut und sicher. Es hat Jahre gedauert.

Dadurch, dass ich oft allein zu Hause war und nicht mit anderen reden konnte, dachte ich oft über mich nach, über das Leben und darüber, was im Leben eigentlich Sinn macht, was das Wesentliche im Leben und das *Ziel des Lebens* ist.

Dann – ich war etwa 28 Jahre alt war – schlug eine Freundin mir vor, dass wir zu einem Heilseminar gehen könnten. Sie meinte, es ginge um Kräuter und heilende Tees. Warum nicht?, sagte ich mir, und wir brachen zu der Veranstaltung auf. Als wir die Münchner U-Bahn verließen, waren wir auch gleich in der richtigen Straße. Die Hausnummer, unter der das Seminar stattfinden sollte, konnten wir aber einfach nicht finden. Es war wie verhext. Alle Hausfenster in dieser Straße zeigten zum Innenhof hin. Doch dann kam ein Mann aus einem Haus, ging schnurstracks auf uns zu und fragte uns, ob wir jemanden suchen. Wir sagten ihm, nach welcher Veranstaltung wir Ausschau hielten, und fragten ihn auch gleich, woher er denn gewusst habe, dass wir hier sind. Die Fenster wiesen doch alle nach innen. Er antwortete, er habe gespürt, dass ihn jemand sucht. Er habe es innerlich gespürt. Da die Fenster zum Hof ausgerichtet waren, hätte er uns zwar nicht sehen können, aber ...

Ich war mir nicht sicher, ob wir eintreten sollten, es war für mich alles ganz geheimnisvoll. Wir gingen doch hinein, setzten uns auf Stühle in der ersten Reihe, und dieser Mann, der zu uns herausgekommen war, entpuppte sich als der Dozent. Er begann auf ein Flipchart zu zeichnen: einen menschlichen Körper, die Chakren und eine Aura drumherum ... Über Kräuter fiel zwar kein einziges Wort, aber ich und meine Seele waren vollkommen zufrieden. Ich wusste, dass ich gerade genau das erlebte, wonach ich innerlich so lange gesucht hatte. Meine Handflächen und Finger fingen wieder an, eine unglaubliche Hitze auszustrahlen, und ich war mir vollkommen sicher, dass dies »der Weg« sein würde.

Ich begann, verschiedene Seminare über kosmische Heilenergie zu besuchen. Es faszinierte mich so sehr, dass ich mich sofort über meine Familienmitglieder und Freundinnen hergemacht und versucht habe, allen positive Energie zu geben, ob sie es wollten oder nicht. Manche lehnten meine törichte Hilfe ab, aber ich gab nicht auf und focht weiter meinen Kampf gegen Krankheiten. Das faszinierte mich mehr als alles andere. Ich wachte bereits mit dem Gedanken an Heilenergie auf, dachte den ganzen Tag an nichts anderes und schlief abends wieder damit ein. Ich wollte die Welt retten, und erst sehr viel später bin ich darauf gekommen, dass ich manchen Menschen Zeit lassen muss.

Dennoch gelang es mir, viele Krankheiten zu heilen. Ich erlebte regelrechte Wunder. Die Engel schickten mir Leute, die meine Hilfe wirklich brauchten. Die Heilenergie war so mächtig und intelligent, dass mir vollkommen klar war, in welchem Augenblick mein drittes Kind geboren werden würde. Meine dritte Tochter, die bereits bei vielen Seminaren in meinem Bauch anwesend war, hat dann auch mit knappen acht Monaten angefangen zu laufen, und sie begann schon zu singen, bevor sie sprechen konnte.

Diese heilenden göttlichen Energien sind so unsagbar weise, schön und erleuchtend. Wie vielen Leuten geholfen und wie vielen der richtige Weg gezeigt worden ist! Ich selbst bin ein gutes Beispiel dafür!

Als meine dritte Tochter ungefähr ein Jahr alt war, begann leider meine Ehe mit meiner ersten Liebe zu kriseln. Wie sehr mir das zu schaffen machte! Ich war meiner ersten Liebe in ein fremdes Land gefolgt, sie bedeutete mir alles, und jetzt begann das Ganze auseinander zu fallen und konnte nicht mehr gerichtet werden. Manchmal wird etwas Kaputtes geflickt, doch meistens sind die Risse schon so groß, dass die Sache nicht mehr hält und sie in tausend Stücke zerfällt … Dann gibt es nichts mehr zu reparieren.

Von all diesen Schwierigkeiten und den regelrechten Erstickungsanfällen daheim, die wir beide verursachten, bekam ich starkes Asthma. Schon einige Jahre vorher hatte ich gespürt, dass ich in unserer Beziehung keine Luft mehr bekam, und es war schlimmer geworden. Höchste Medikamentendosierungen, das tägliche Ringen um Sauerstoff und damit auch um das Leben hatten mir meine körperlichen Kräfte und mein psychisches Gleichgewicht geraubt. Der Kampf um grundlegende Körperfunktionen hatte mich enorm viel Kraft gekostet. Diese Zeit war für mich eine der schwersten Zeiten in meinem

Leben. Die ständige Angst, dass es keinen nächsten Tag mehr geben könnte, dass mein Herz und meine Lungen den Ansturm der Medikamente nicht länger ertragen und meine Kinder in Zukunft ohne meine Unterstützung dastehen könnten, lastete unsagbar auf mir. Die Unsicherheit darüber, wann der nächste Anfall kam, machte mich schier verrückt. Trotzdem versuchte ich, weiterhin mehr oder weniger gut zu funktionieren und den Haushalt zu führen.

Jetzt weiß ich, dass mein anfängliches Leiden, das mit dem Zerfall unserer Partnerschaft begonnen hatte, nicht hätte so schlimm sein müssen, wenn ich gleich zu Anfang begriffen hätte, dass ich mir dieses Leben »dort oben« ausgesucht hatte und mit meiner großen Liebe abgesprochen hatte, dass wir zusammen auf den Planeten Erde gehen und so ein Leben durchleben würden, wie wir es durchleben sollten. Es war eine Lernerfahrung, nichts anderes! Wir wollten in den nächsten Inkarnationen erfahrener sein!

Mein Asthma beruhigte sich mit der Zeit. Ich arbeitete energetisch viel daran und verstand immer besser, was die menschliche Psyche alles bewirken kann. Und ich beschritt weiter den Weg der Selbsterkenntnis und des Heilens anderer Menschen. Wie oft waren Menschen schon wie durch Zauberhand plötzlich gesundet? Das ging mir einfach nicht mehr aus dem Kopf. Wie funktioniert das alles? Wer heilt da? Was heilt da? Was mache ich eigentlich, wenn ich Menschen heile? Welchen Anteil habe ich überhaupt daran?

Das beschäftigte mich so sehr, dass ich mich auf den Rat einer Freundin hin entschied, zu lernen, wie man »die da oben« denn eigentlich kontaktiert.

Ich wollte sie einfach selbst nach alledem fragen!

Außerdem hatte meine beste Freundin mir einen Brief gezeigt, den ihre Mama ihr diktiert hatte, obwohl sie schon mehrere Jahre nicht mehr lebte! Sie hatte ihn medial von ihr empfangen, mit Unterstützung einer Freundin, die zu »denen da oben« gute Kontakte hat. Was mich am meisten faszinierte: Der Brief war in der Handschrift der Mama meiner besten Freundin geschrieben! Ich kannte ihre Schrift! Und das war für mich unbegreiflich.

Von da an konnte ich an nichts anderes mehr denken. Ich sagte mir, wenn ich das auch lernte – Kontakt mit »denen da oben« zu haben –, eröffnete sich mir eine unfassbare Menge an Informationen, die ich zur Heilung von Menschen verwenden konnte. Ich würde an Informationen kommen, die mich schon immer interessiert und fasziniert hatten.

Was ist Heilenergie? Wo befindet sie sich und wer lenkt sie? Existiert Gott? Wer erschuf die Pyramiden und wer immer wieder neu die Kornkreise? Ist das Weltall unendlich? Was hat es eigentlich genau mit dem Bermudadreieck auf sich? Wer waren die Atlanter?

Würde ich das jemals erfahren? Würde ich Geheimnisse enthüllen?

Je mehr ich mich das fragte, desto entschlossener wurde ich – und so entschied ich – oder eher mein Höheres Selbst –, dass ich für ein paar Tage in die Berge fahren würde. In mein geliebtes Riesengebirge. In mein Zuhause. Ich spürte das unendlich große Verlangen, allein zu sein. Ganz allein. Am besten mitten in den Bergen. Ich wusste selbst nicht genau, was das zu bedeuten hatte. Vielleicht musste ich mein Inneres beruhigen und mich nur auf mich selbst konzentrieren, auf meine Seele? Ich schlenderte dort durch die Berge und war vor Glückseligkeit außer mir. Nie zuvor hatte ich eine solche Glückseligkeit verspürt. Damals konnte ich es noch nicht definieren, doch jetzt weiß ich, dass sich die göttliche Intelligenz und viele Lichtwesen mit mir verbunden hatten.

Jetzt erlebe ich diese Gefühle beim Heilen meiner Klienten, wenn Lichtwesen in unsere Dimension eintreten und eine

Welle bedingungsloser – ja – *vollkommen bedingungsloser Liebe und Hilfe* mitbringen.

Ich wanderte durch das Riesengebirge, unfassbar glücklich, und als es Zeit für das Mittagessen wurde, setzte ich mich in eine gemütliche Gaststätte in Harachov. Dort hatte ich die Idee, mein Glück zu versuchen und mich mit Hilfe meiner Gedanken, eines Stifts und eines Blatt Papiers mit den Lichtwesen zu verbinden.

Noch immer wusste ich nicht, ob ich dafür die »geeignete« Person war, und die Vorstellung, dass meine Hand vielleicht von selbst zu schreiben anfangen könnte, kam mir vollkommen verrückt vor.

Ich bestellte mein Essen, aus dem Rucksack holte ich Block und Stift. Ich beschloss, Kontakt mit meiner verstorbenen Oma aufzunehmen, die ich bis heute liebe. Etwa eine halbe Stunde lang bemühte ich mich und wartete, dass meine Hand vielleicht begann, sich zu bewegen. Oder dass sonst irgendein Wunder geschah. Eine halbe Stunde lang geschah nichts, und ich kam mir unendlich dumm vor. Doch nach einer Weile spürte ich, dass tatsächlich irgendeine Energie in meine Hand eintrat, und auf dem Papier bildete sich Gekritzel. Ich konnte es nicht entziffern, es war alles sehr in die Breite gezogen, aber bald konnte ich die ersten Worte erkennen. Ich wurde ganz aufgeregt, meine Wangen brannten, denn ich musste daraus schließen, dass wirklich etwas geschah und jemand neben mir stand. Oder über mir. Irgendwo. Aber irgendjemand war hier und kommunizierte mit mir!

Ich erkannte den ersten Satz, und es folgte die erste Botschaft an mich. *Die erste Botschaft!* Sie besagte, dass das hier nicht meine Oma schrieb. Mir wurde mitgeteilt, dass meine Oma bereits wieder inkarniert und nun meine jüngste Tochter ist. Mein Uropa kommunizierte mit mir, der im Jahr 1957 verstorben war, dreizehn Jahre vor meiner Geburt.

Ich habe ihn nie persönlich kennen gelernt, doch sein Foto hängt bei mir Zuhause im Wohnzimmer!

Ich war so glücklich darüber, dass der Kontakt zustande gekommen war, dass ich entschied, so viel wie möglich niederzuschreiben. Wer weiß, dachte ich mir, wie lange dieser Kontakt anhält, und wer weiß, was ich alles fragen kann.

Ich zahlte, fuhr in meine Pension, ließ mir von der Frau an der Rezeption Stifte und jede Menge Blatt Papier geben. Es war schon Abend, ich schaltete die Lichter ein, und weil ich damals noch nicht wusste, wer das eigentlich war, der da schrieb, schaltete ich auch noch den Fernseher an, damit ich nicht das Gefühl hatte, allein zu sein.

Ich schrieb die ganze Nacht, ich hatte Angst, dass der Kontakt verschwand. Ich fragte, ob meine Bekannten, die unter unheilbaren Krankheiten litten, geheilt werden und was ich für sie tun könnte. Ich fragte, wie es ihnen da oben geht, ob sie uns sehen können, und ich fragte nach allen möglichen Sachen, die mir gerade einfielen.

Ich war der glücklichste Mensch auf dem gesamten Planeten! Ich hatte Kontakt mit denen auf der anderen Seite!

Die ersten Tage schrieb ich immerzu und versuchte, so viel wie möglich zu erfahren.

Es begannen – für mich damals – seltsame Dinge zu passieren, an die ich mich jetzt schon gewöhnt habe, die ich aber zu jener Zeit erst noch verstehen lernen musste.

Wie ein Fährmann setzte ich behutsam immer wieder von einem Ufer zum anderen über. Oft hatte ich das Gefühl, dass jemand durch mich schreiben wollte. Natürlich die auf der anderen Seite. Dann nahm ich Stift und Block zur Hand und schrieb. Ich schrieb und schrieb, und mit der Zeit meldeten sich viele Seelen, die aus dem Kreis meiner Bekannten oder Freunde gegangen waren und den Hinterbliebenen unbedingt etwas mitteilen wollten. Besonders diejenigen, die vorzeitig oder selbstverschuldet gegangen waren. Einige Male stand ich vor der Tür von Hinterbliebenen, um ihnen etwas zu bringen ... Es war für mich nicht einfach, ihnen das so zu erklären, dass sie mich nicht für verrückt hielten ...

Durch meinen Uropa habe ich eine unglaubliche Menge an Informationen und seiner persönlichen Geschichten aufgeschrieben. Er war wie ich ein Lichtarbeiter und Vermittler zwischen den Welten. Er war ein anerkannter Heiler und eine weise Person. Wie ich hat er viele Briefe und Botschaften niedergeschrieben.

Ich werde niemals eine Situation vergessen, als ich gerade wieder mit ihm schrieb. Es war bei mir daheim, in München, über fünfhundert Kilometer von meinem früheren Zuhause entfernt. Meine Mama hatte über meine Kontakte noch nicht viel gewusst. Mein Uropa, der vor mehr als sechzig Jahren verstorben war, schrieb:

»Auf meinem Foto, das du in deinem Wohnzimmer aufgestellt hast, ist ein Rucksack zu sehen, den ich neben mir abgelegt habe. In diesem Rucksack habe ich damals meine Briefe aufbewahrt, die ich mit Verstorbenen geschrieben und von denen ich jede Menge Informationen bekommen habe. Schicke deine Mama in das Haus, in dem ich lebte und sie aufgewachsen ist. Auf dem Dachboden ist immer noch dieser Rucksack, und in ihm sind die Briefe. Sie soll sie dort abholen.«

Ungläubig rief ich meine Mama an und teilte ihr meine ungewöhnliche Bitte mit. Meine Mama hat alles schnell verstanden und sich daran gemacht, in ihrem Geburtshaus zu suchen. Stellt euch vor, sie hat den Rucksack samt Briefen nach so vielen Jahrzehnten auf dem Dachboden gefunden! Er war tatsächlich dort! Jetzt habe ich die Briefe zu Hause und damit auch eine lebendige Erinnerung an meinen Uropa.

Mein Uropa und meine Lichtbegleiter haben mich auf meinen Weg geführt. Ich bin ihnen dafür unsagbar dankbar!

Als meine Kinder älter wurden, merkte ich, dass mir der Beruf des »Lichtboten« sehr gefiel und eine Riesenfreude bereitete! Wie viele wundervolle Begebenheiten und Situationen mir das schon gebracht hat!

Jetzt weiß ich: Je mehr sich ein Mensch an seine Engel wendet, desto größer und schöner ist das Glück im irdischen Leben. Ich weiß, dass die Engel und Lichtwesen immerfort zu mir kommen. Sie kommen zu jeder meiner Heilbehandlungen, versuchen meine Wünsche zu erfüllen, die Wünsche meiner Familienmitglieder, und bemühen sich, jede komplizierte Situation zu klären. Oftmals wundere ich mich selbst, mit was für Lösungen und mit welcher Harmonie sie Situationen aufklären.

Wer sich auf den Weg des Lichts begibt, wird es niemals bereuen.

Auf meinem Weg durchs Leben entwickelt sich nun alles harmonisch, und ich erlebe keine Dramen mehr. Das liegt daran, dass ich jeden Tag mit meinen Lichtwesen rede und ihnen für alles danke. Und dass ich auf sie vertraue.

Meine geheimen Wünsche, die ich immer hatte, gehen langsam aber sicher alle in Erfüllung.

Früher, als ich in einem Hochhaus in der Siedlung gewohnt habe, wagte ich es nicht einmal zu denken, dass ich einmal in einem Einfamilienhaus wohnen könnte. Ich dachte, dass ich es nicht verdienen würde und dass es mir nicht bestimmt sei. Jetzt lebe ich mit meiner Familie in einem Haus mit Garten, und jeden Tag danke ich meinen Engeln dafür.

Mein Geld verdiene ich mit einer Arbeit, die ich unfassbar liebe. Meine Engel stehen mir bei, wenn ich Menschen heile, und helfen auf jede erdenkliche Art, dass es zur Heilung kommt. Oft erlebe ich auf diesem Weg Wunder. Ich vertraue ihnen, und sie vertrauen mir.

Meine drei Töchter sind stets von Heilenergien umgeben, die sich in unserem Haus wunderbar ausbreiten, und waren seit Jahren nicht mehr krank. Sie sind körperlich sogar sehr stabil. Falls sie doch einmal kränkeln, ist es meistens nur eine Erkältung, und sie sind schnell wieder fit.

Sie stehen selbst in ständigem Kontakt mit den Engelwesen und bemühen sich, jedes Problem über sie zu lösen. Sie erleben damit auch eine harmonische Kindheit, und in der Schule haben sie keine Probleme, im Gegenteil: Sie sind dort sehr erfolgreich. Sie vertrauen.

Situationen, bei denen ich mir früher den Kopf zerbrochen und nicht gewusst hätte, wie ich sie lösen soll, übergebe ich nun meinen Lichthelfern. Ich lege alles in ihre Hände, und sie wissen dann schon, was zu tun ist. Ich versuche nicht, ihnen »reinzureden«. Ich vertraue darauf, dass sie schon wissen, was für mich das Beste ist.

Genauso halte ich es auch in Situationen, bei denen ich früher dachte, dass etwas nicht so gelungen ist, wie ich es mir vorgestellt habe. Jetzt weiß ich, dass es so zu meinem Besten war. Ich sage mir, die da oben wissen schon, was für mich gut ist und welche Situation für meine Zukunft am günstigsten ist. Bisher hat sich das immer bestätigt, auch wenn ich anfangs vielleicht enttäuscht war, dass etwas nicht meinen Vorstellungen entsprach.

Ein weiteres Wunder in meinem Leben sind meine Bücher. Stets habe ich Schriftsteller und ihre Bücher bewundert. Nun ist es mir gelungen, selbst bereits drei zu schreiben, natürlich mit Hilfe der Engel. Für mich ist das ein wahrhaftiges Wunder. Die Engel haben mir sogar diktiert, an welchen Verlag ich mich wenden soll. Und das habe ich auch gemacht.

Auf das Schreiben mit den Engeln hat mich mein Uropa gebracht. Auf seinen Rat und von seiner Dimension bin ich in die Dimension der Engel gekommen, und je besser ich an die Engel angebunden war, desto öfter begannen sich weitere lichtvolle oder außerirdische Zivilisationen zu melden. Auch dieses Buch ist für mich, wie ich bereits geschrieben habe, ein ausgesprochenes Geschenk von den Lichtwesen. Nicht zum ersten Mal und nicht zum letzten Mal. Es ist ein Geschenk an mich und an euch.

Viele Menschen glauben nicht, dass andere Zivilisationen existieren. Sie glauben, dass es im weiten Universum nur die Menschen gibt. Eine solche Behauptung ist meiner Meinung nach engstirnig. Die Pyramiden, verschiedene heilige Stätten auf der Erde, Kornkreise in England und sonstwo auf der Welt sind Produkte außerirdischer Zivilisationen.

Darunter ist eine Zivilisation, die uns beschützt und uns hilft, die Natur und die Luft zu säubern: die Plejader. Ohne sie würde der Mensch hier nicht mehr existieren. Bisher werden aber viele Dinge noch vor der Öffentlichkeit geheim gehalten. Die Filmindustrie lässt außerirdische Zivilisationen ebenfalls in einem anderen Licht erscheinen.

Gerade die plejadische Zivilisation unterstützt auch den Christusglauben, nicht den Christus der Kirche, sondern den freien Fluss der Christusenergie, und diese Zivilisation hilft unserem Planeten, wo es nur geht. Auch dieses Buch haben wieder die Plejader geschrieben.

Beim Schreiben der einzelnen Kapitel habe ich verschiedene Frequenzen und Intensitäten wahrgenommen. Die Sprache der Delfine, die hier zum ersten Mal auftauchen, ist sehr friedvoll, und ich empfand deutlich ihre wunderschönen Energien. Die

Sprache der Plejader ist oft sehr entschieden, energisch und warnend. Sie appellieren direkt und ohne Umschweife. Sie wollen sofort helfen. Meine Tochter Nicole, die das ganze Buch ins Deutsche übersetzt hat, kann bestätigen, dass die von den Delfinen geschriebenen Kapitel ihr leichter fielen, obwohl die Plejader ihr beim Übersetzen halfen.

Das ganze Buch ist, wie ich schon geschrieben habe, meisterhaft durchdacht, und die Intelligenz der Plejader fasziniert mich stets aufs Neue. Jedes Kapitel steht mit dem vorherigen in Zusammenhang, am Ende vieler Kapitel befinden sich Übungen zur Reinigung von Seele, Körper und Geist, und wenn man die Übungen des ganzen Buches durchführt und aufmerksam studiert, lernt man Techniken zur Selbstheilung und zum Heilen anderer.

Es sind Techniken, die unsere Zivilisation in längst vergangenen Zeiten benutzte und die in unserer »zivilisierten« Gemeinschaft leider wieder vergessen wurden. Sie sind so alt wie die Menschheit selbst und für die Bevölkerung des Planeten Erde am besten geeignet.

Die Plejader raten, mit diesem Buch wirklich zu arbeiten. Es reicht nicht, es nur einmal zu lesen und dann wegzulegen. Der höhere Sinn dieser Techniken besteht nicht darin, »lediglich« unsere physische Selbstheilung herbeizuführen. Ihr höherer Sinn besteht darin, sich richtig und absolut an die universelle Energie und ihre Gesetze anzubinden.

Die Mehrheit der hoch entwickelten außerirdischen Zivilisationen und Lichtwesen hat bereits begriffen, dass sie ohne absolute Anbindung nicht in einem so positiven Zustand wären, wie sie es jetzt sind. Ihre Herzen sind immer angebunden und stehen mit der göttlichen Intelligenz in Resonanz.

Das sind auch unsere Aufgabe und unser Ziel. Reine und strahlende Herzen zu haben. Das ist das Ziel unseres Seins und das Ziel auf dem Weg des Lichts.

Ich weiß, dass die universelle Energie *Eine Quelle* ist, und diese *Eine Quelle* setzt sich aus einer unermesslich großen Anzahl von Lichthelfern zusammen, die nur ein einziges Ziel und eine einzige Bestimmung haben – zu helfen und bedingungslose Liebe zu verbreiten!

Dafür danke ich ihnen von ganzem Herzen. Ich danke ihnen dafür, dass sie uns Menschen nun schon zum dritten Mal dermaßen viele Informationen und Ratschläge übergeben haben, wie wir uns auf natürliche Weise helfen können, und dass sie uns deutlich gemacht haben, was unsere Essenz und unsere Aufgabe sind. Dafür bin ich ihnen unbeschreiblich dankbar, und ich denke, dass auch die Leser des Buches es mit Dankbarkeit im Herzen lesen, weil wir daraus Sachen erfahren können, die noch nicht niedergeschrieben wurden.

Wenn ihr dieses Buch gelesen habt, werdet ihr die Welt wahrscheinlich mit anderen Augen sehen und mit größerer Weitsicht und mehr Komplexität. Ihr werdet verstehen, worum es wirklich geht, wenn von dieser und anderen Welten die Rede ist. Ich glaube, dass das Buch jeden Leser positiv beeinflussen und in die richtige Richtung lenken wird.

Ich wünsche mir so sehr, dass ihr durch dieses Buch das Gleiche erlebt, was ich erlebt habe.

Bei jedem geschriebenen Wort habe ich die Liebe der Plejader und ihre unendliche Geduld gespürt.

Und die Verspieltheit der Engel und Delfine.

Bedingungslose Liebe, Frieden und
Licht im Herzen wünscht euch

Paulina

BONUS – Einstieg in eine neue Ära

Über das Internet verbreitete Lichtbotschaft vom November 2016

Liebe Lichtboten der menschlichen Zivilisation!

Die Zeit ist gekommen, in der sich die Ära eurer menschlichen Gemeinschaft nach einer unendlich langen Zeit auf einen bedeutenden positiven Umschwung zu bewegt. Es ist ein Umschwung auf emotionaler, gedanklicher und materieller Ebene.

Der 11.11.16 hat euch eine Trennung von Dunkelheit und Licht gebracht. An diesem Tag, genau um 11:11 Uhr, gab es einen Augenblick, den wir als »brechenden« Augenblick betrachten. Dieser Tag, voll von Magie und Ereignissen, hat euch für die Zukunft eine unerschöpfliche Menge an bedeutenden energetischen Veränderungen positiven Charakters gebracht.

Viele von euch sind sich der Kraft dieser Information bewusst. Viele von euch haben eine Veränderung hinsichtlich belastender psychischer und körperlicher Erscheinungen erfahren. Viele von euch haben sich vorher müde gefühlt, erschöpft auf allen Ebenen, und dennoch habt ihr gefühlt und fühlt noch immer, wie bedeutend dieser Tag für eure weitere Entwicklung und die Entwicklung der menschlichen Gemeinschaft ist. Im Augenblick des Herabkommens der kosmischen Energie auf den Planeten Erde um 11:11 Uhr kam es zu vielen Ereignissen, die genau aufeinander abgestimmt sind, und jetzt ähnelt die energetisch erhöhte Schwingung auf eurem Planeten nach Tausenden von Jahren endlich wieder der Schwingung der kosmischen Ordnung.

An diesem Tag hat die verstärkte Christusenergie begonnen, zu euch vorzudringen. Und es ist schon fast 60 % ihrer Kraft gelungen, den Planeten zu erreichen.

Die positive Kraft des kosmischen Christusstrahls bringt euch die so lange ersehnte Erleichterung. Es kommt zur abschließenden Stabilisierung der energetischen Wellen, die über euren Planeten laufen. Dank der Christusenergie stellt sich jetzt allgemein Erleichterung ein, die Energie festigt sich und ihr könnt endlich aufatmen und gestärkt in eure neue Zukunft gehen. Der 11.11. in Datum und Uhrzeit hat für eure menschliche Zivilisation und für jegliche Entwicklung auf eurem Planeten eine riesengroße Bedeutung.

Diese Zeit ist für euch ein Meilenstein, weil sie den Einstieg in eine neue menschliche Ära auf allen Ebenen bedeutet. Sie ist der Anfang eurer verstärkten Fähigkeit der Manifestation und Telepathie.

Die Christusenergie hat eine neue Kraft in euch erweckt, Hoffnung und eine unendliche Anzahl neuer Möglichkeiten.

Ihr befindet euch in einer Zeit, die wichtig für eure persönliche Entwicklung ist. *Euer Geist ist zu solch starken Materialisationen fähig, dass ihr jetzt die großartige Gelegenheit habt, euch eine neue positive Realität zu erschaffen.*

Euer Geist ist jetzt stark genug, dank der energetischen Veränderungen neue morphogenetische Felder zu bilden, die ihn bis zum Ende der irdischen Inkarnation begleiten werden. Diese Zeit ist einzigartig und magisch.

Wir rufen euch auf: Erschafft ein positives Feld und positive gedankliche Elemente um euch herum. Ihr habt die Möglichkeit zur Manifestation. Vertreibt alle negativen Gedanken und richtet euch auf die positive Zukunft aus.

Jeder von euch hat die Möglichkeit, verstärkt seine Wünsche zu manifestieren. Erzeugt euch eine neue positive Zukunft und zweifelt nicht. Zweifelt nicht, sondern verbindet euch durch die Kraft und Liebe eures Geistes mit der Energie des kosmischen Christusstrahls. Erzeugt eine neue positive Lebenslinie eurer Inkarnation. Jetzt und in diesem Raum. *Wo auch immer ihr gerade seid!* Verbindet euch mit eurer Familie im Licht und mit euren Lichthelfern und Engeln. Verbindet euch mit eurer kosmischen Familie und bittet um Hilfe bei der Manifestation eurer Wünsche. Ihr werdet erhört werden. Die Zeit einer neuen Ära und einer neuen positiven Zukunft der menschlichen Zivilisation ist gekommen.

Eure kosmischen Familien meditieren für euch, sie beten für euch und helfen energetisch. Im Augenblick des Herabkommens der kosmischen Energie um 11:11 Uhr am 11.11.16 waren die kosmischen Gemeinschaften, die euch und euren Planeten stabilisiert und euch schon über lange Zeit hinweg auf die neue Energiefrequenz vorbereitet haben, energetisch und gedanklich verbunden.

Ihr seid in dieser Zeit des Übergangs nicht allein.

Wir sind verbunden.

Wir sind in unseren Herzen verbunden. Wir begleiten euch.

Frieden mit euch!
Frieden mit uns!

Pavlina Klemm wurde im Jahr 1970 in der Tschechischen Republik im Riesengebirge geboren. Als 19-Jährige kam sie nach München, in dessen Nähe sie heute noch lebt und arbeitet. Schon als kleines Kind hatte sie Kontakt zur Lichtwelt, und als junge Erwachsene war ihr absolut klar, welche Richtung ihr Lebensweg nehmen würde. 1999, kurz vor der Zeitenwende, begann sie dann, intensiv mit alternativen Heilmethoden zu arbeiten. Durch die Arbeit mit der heilenden universellen Energie entwickelten sich bei ihr nicht nur heilerische Fähigkeiten, sondern es erhöhte sich auch ihre Anbindung an die Lichtwelt und das Engelreich. Dank dieser Anbindung sieht sie es heute als ihre größte Aufgabe an, Informationen über die universellen Gesetze und kosmischen Entwicklungen weiterzugeben. Das Ergebnis ihrer Channeling-Kontakte mit der plejadischen Zivilisation sind die bisher sechs Bücher und sieben CDs der *Lichtbotschaften von den Plejaden.*

Bei ihren Seminaren, die Pavlina regelmäßig überall im deutschsprachigen Raum und in Tschechien abhält, werden die Teilnehmer in der spirituellen Entwicklung ihrer Persönlichkeit stets fürsorglich begleitet. Dabei setzt Pavlina nicht nur ihre Ausbildungen als Lebens-Energie-Beraterin® nach Körbler und Reconnective Healing® Practitioner nach Eric Pearl ein, sondern auch ihre Schulungen durch Andrew Blake in Quantenheilung und als Medium der geistigen Welt durch Doreen Virtue, aber ebenso russische Heiltechniken und anderes mehr. Außerdem bildet sie ihre Klienten in plejadischen Heiltechniken aus.

Pavlina widmet sich auch weiterhin dem Schreiben über spirituelle kosmische Gesetze, ihre Komplexität und ihren direkten Einfluss auf unsere menschliche Gesellschaft, denn wie sie selbst sagt: »Das Lehren und Erkennen der universellen Gesetze ist so unendlich wie das Universum selbst. Es bringt Freude, Bewusstwerden, Frieden und Reinheit im Herzen.«

Kontakt:
www.PavlinaKlemm.de

Lebens-Energie-Beraterin® nach Körbler
Reconnective Healing®Practitioner
Alternative Heilmethoden

Gleichzeitig mit dem dritten Plejaden-Buch erschien Pavlina Klemms zweite CD:

»Neue gechannelte Übungen und geführte Meditationen«

eingesprochen von Kathrin Mayer und Pavlina Klemm, musikalisch begleitet von Sayama.

79 Minuten, Jewelcase, ISBN 978-3-95447-318-2

Überall im Handel erhältlich!

Liebe spirituelle Freundinnen und Freunde,

erlaubt mir, dieses Buch ein Meisterwerk zu nennen! Als ich darin zu blättern begann, wurde mir schnell klar, dass es sich hierbei um etwas »Großes« handelt – dass es ein gewaltiges Projekt ist und Informationen unglaublichen Ausmaßes enthält, die uns helfen können, unsere menschliche Geschichte und ihre Entwicklung besser zu verstehen.

Der Autor des Buches *Das Dritte Auge*, Prof. Dr. med. Ernst Muldashev, ist sehr vielseitig und ein Mensch mit enormen Fähigkeiten. Er ist Wissenschaftler, Arzt, Augen- und plastischer Chirurg, Forscher und Leistungssportler und erhielt für seine Entdeckungen und Entwicklungen mehrere Preise. All das scheint aber nur ein Vorgeschmack gewesen zu sein auf seine Arbeit im Bereich der Informationsforschung.

Ernst Muldashev stellte sich *eine* große Frage. Er wollte wissen, welche Zivilisationen den Planeten Erde eigentlich noch bevölkert haben, wie sie sich entwickelten und in welchem Zusammenhang sie mit der Entwicklung unserer menschlichen Gemeinschaft stehen. Um das herauszufinden, organisierte er eine Expedition in den Himalaya. Und da Muldashev mit seinem Team unterwegs eine ganze Reihe spiritueller Lehrer aufsuchte, brachte diese Expedition eine riesige Zahl an Informationen hervor – unglaubliches neues Wissen und viele Geheimnisse über unseren Planeten wurden offengelegt!

Nach dem Lesen und Studieren des Buches wird euch ohne jeden Zweifel bewusst sein, dass wir, die menschlichen Bewohner dieses Planeten, alle spirituelle Individuen sind, durch ihr kollektives Bewusstsein miteinander verbunden. Und dass wir durch unsere Spiritualität auch mit der Liebe und Intelligenz der göttlichen Essenz verbunden sind.

Viele von Muldashevs Informationen stimmen mit den Informationen meiner Bücher überein. Die Kenntnisse und Fakten,

Ernst Muldashev
DAS DRITTE AUGE UND
DER URSPRUNG DER
MENSCHHEIT

Spektakuläre Erkenntnisse zur Herkunft unserer Zivilisation

432 Seiten, gebunden, oranges Leseband
€ [D] 24,99 / € [A] 25,70

ISBN 978-3-95447-308-3

die er während seiner Expedition zusammengetragen hat, werden durch meine Channelings bestätigt. Sie verleihen sich gegenseitig einen tieferen Sinn, weil wir uns jetzt eine noch bessere Vorstellung von der menschlichen Geschichte und der Geschichte unseres Planeten machen können.

Das Dritte Auge beantwortet viele Fragen, die wir möglicherweise schon lange in uns tragen. Und obwohl eine große Anzahl der Informationen fachlicher Natur ist, durchziehen Spiritualität und tiefe Weisheit das ganze Buch.

Beim Lesen bekommen wir immer wieder das Gefühl, dass wir zum »Kern der Dinge« vorstoßen.

Muldashev zufolge leben die Atlanter bis zum heutigen Tag im Inneren des Himalaja!

Wenn ihr euch für geheimnisvolle Phänomene und Informationen unserer Ahnen und die ursprünglichen Bewohner dieses Planeten interessiert, seid ihr hier genau richtig. Alle Informationen sind sehr detailreich und beruhen auf einer unzähligen Menge langjähriger Recherchen. Zusammengetragen wurden sie auf mehr als 400 Seiten.

Ich wünsche euch viele Erkenntnisse und Selbsterkenntnisse bei der Entdeckung eures göttlichen Wesens!

Eure *Pavlina Klemm*

Pavlina Klemm
Heilsymbole & Zahlenreihen
Arbeitsbuch der Plejadenheilung
192 Seiten, gebunden, oranges Leseband
€ [D] 22,– • € [A] 22,70 • ISBN 978-3-95447-448-6

Vom Aufbau des lichtvollen Schutzes bis zum Segen für dich selbst und andere, vom Vergebungsritual über die Heilsymbole und Zahlenreihen bis zur Durchlichtung der Chakren, der Kontaktaufnahme mit deiner Familie im Licht und der energetischen Unterstützung deines Herzorgans ... Dieses Buch enthält das gesamte Arbeitsmaterial aus den bisherigen Plejadenbüchern und Pavlina Klemms Workshops.

»Die kosmischen Lichtimpulse können den Geist des Menschen jetzt endlich heilen!« – *Die Plejader*

Ob in München, Frankfurt, Basel oder Prag, Wien oder Hamburg ...
Pavlinas Wochenend-Workshops sind legendär. Tausende von Teilnehmern kamen schon in den Genuss der Plejadenheilung. Jetzt gibt es die gechannelten Meditationen, gesprochen von Pavlina selbst, endlich auch auf CD.

Je 78 Minuten • Jewelcase • ausfaltbares Booklet mit Heilzeichen • pro CD 22 €

Befreiung der Thymusdrüse. Entfernung von Implantaten, Rückerlangung der weiblichen Kraft, Reinigung der Chakren, Aufbau und Integration positiver Frequenzen. Wiederanbindung an die DNA, Heilung verlorener Seelenanteile. Programmierung deiner Kristalle. Schutz, Erdung und vieles andere mehr ...

Workshop-CDs von Pavlina Klemm!
Nicht im Handel erhältlich, *nur* auf www.AmraVerlag.de
Hotline: +49 (0) 6181-189392
Service: Info@AmraVerlag.de
AMRA Verlag, Auf der Reitbahn 8
63452 Hanau, Deutschland

Deutschland & Österreich ab 18 € versandkostenfrei!